CIDADANIA e RACISMO:

POR UMA EMANCIPAÇÃO AFROPINDORÂMICA DO BRASIL

Otavio Henrique Ferreira da Silva

CIDADANIA e RACISMO:

POR UMA EMANCIPAÇÃO AFROPINDORÂMICA DO BRASIL

MAZZA edições

CIDADANIA E RACISMO: POR UMA EMANCIPAÇÃO AFROPINDORÂMICA DO BRASIL

Capa
Túlio Oliveira

Revisão
Joelma Santos

Diagramação
Lívia Souza

Dados Internacionais de Catalogação na Publicação (CIP)
(Câmara Brasileira do Livro, SP, Brasil)

Silva, Otavio Henrique Ferreira da

Cidadania e racismo : por uma emancipação afropindorâmica do Brasil / Otavio Henrique Ferreira da Silva. – 1. ed. – Belo Horizonte, MG : Mazza Edições, 2024.

ISBN 978-65-5749-087-7

1. Antirracismo – Brasil 2. Cidadania 3. Racismo – Brasil 4. Sociologia I. Título.

23-185987 CDD-305.8

Índices para catálogo sistemático:

1. Racismo : Sociologia 305.8

Eliane de Freitas Leite - Bibliotecária - CRB-8/8415

MAZZA EDIÇÕES LTDA.
Rua Bragança, 101 - Bairro Pompeia
30280-410 Belo Horizonte/MG
Telefone: (31) 3481-0591

SUMÁRIO

INTRODUÇÃO

Diante ao atual contexto brasileiro, marcado pela recente ascensão da extrema direita e pela retomada do poder federal pela centro-esquerda, mas com congresso nacional, assembleias legislativas e câmaras municipais permeadas de conservadorismos, é que apresento o livro *Cidadania e racismo: por uma emancipação afropindorâmica do Brasil*.

Por ora, o objetivo deste livro é *discutir a relação entre a cidadania frente à condição do Brasil de país historicamente colonizado, bem como, a relação da cidadania com as lutas emancipatórias* contemporâneas, entre elas a luta antirracista.

Para responder a esta e às outras questões que orientaram o estudo, trouxemos as palavras do educador-intelectual-quilombola Antônio Bispo dos Santos, mais conhecido como Nego Bispo, sobre o significado de confluência, sendo parte do reconhecimento, que ao longo da pesquisa fizemos, da importância das obras dos autores afropindorâmicos para o alcance das reflexões presentes na obra.

> Confluência é a lei que rege a relação de convivência entres os elementos da natureza e nos ensina que nem tudo que se ajunta se mistura, ou seja, nada é igual. Por assim ser, a confluência rege também os processos de mobilização provenientes do pensamento plurista dos povos politeístas (Santos, 2015, p. 89).

Por isso, aqui, entendemos que confluir é caminhar ao lado da circularidade, dos giros, das gingas, da pluralidade de cosmovisões, para se pensar a relação entre o ser humano e o mundo.

Inicialmente, apoiado numa perspectiva teórico-emancipatória, a pesquisa mirava o campo social, em busca de analisar a cidadania sob a ótica do pensamento de Paulo Freire e de Hannah Arendt, esta última sobretudo pelo destaque em sua produção nos campos de filosofia política e cidadania, nos estudos sobre o totalitarismo, sobre a barbárie entorno da Alemanha Nazista e sobre a condição humana. Porém, no caminhar da pesquisa fui percebendo que pensar a cidadania no Brasil precisa partir de sua condição periférica como país considerado o Outro da Europa e da América do Norte, como subdesenvolvido e atrasado, onde as marcas do mundo moderno/colonial se fazem fortemente presentes nas metrópoles e nas áreas periféricas, nos anúncios e nas denúncias apresentadas pelo seu povo.

As periferias brasileiras e seus enclaves de pobreza, lugar de habitação dos oprimidos-periféricos[1], ocupam a condição de "quarto de despejo" dos restos das cidades centrais, como relatado na obra de Carolina Maria de Jesus (2014).

> As oito e meia da noite eu já estava na favela respirando o odor dos excrementos que mescla com o barro podre. Quando estou na cidade tenho a impressão que estou na sala de visita com seus lustres de cristais, seus tapetes de viludos, almofadas de sitim. E quando estou na favela tenho a impressão que sou um objeto fora de uso, digno de estar num quarto de despejo. [...] Quando cheguei do palacio que é a cidade os meus filhos vieram dizer me que havia encontrado macarrão no lixo. E a comida era pouca, eu fiz um pouco do macarrão com feijão. E o meu filho João José disse-me:
> — Pois é. A senhora disse-me que não ia mais comer as coisas do lixo.
> Foi a primeira vez que vi a minha palavra falhar. Eu disse:
> — É que eu tinha fé no Kubstchek.
> — A senhora tinha fé e agora não tem mais?
> — Não, meu filho. A democracia está perdendo os seus adeptos.

[1] O conceito de "oprimido" em Freire (2019a) muitas vezes é associado à luta camponesa em virtude deste ter sido o contexto de análise para pensar no sentido original da Pedagogia do Oprimido. Porém, a condição de oprimido não se restringe apenas ao contexto rural. Aqui neste livro defendemos que o conceito de oprimido perpassa todos os contextos em que se produz povos excluídos e marginalizados diante do projeto moderno-capitalista-colonizador-eurocêntrico, o que inclui também o contexto das periferias urbanas.

> No nosso paiz tudo está enfraquecendo. O dinheiro é fraco. A democracia é fraca e os políticos fraquissimos. E tudo que está fraco, morre um dia (Jesus, 2014, p. 31, 33).

Além de ter em vista a condição periférica do território brasileiro e de seu povo atravessado pela condição de opressão do capitalismo econômico mundial (Santos, 2007, 2009), destaca-se também a ancestralidade afropindorâmica do povo brasileiro. Isto é, antes de serem periferia são afropindorâmicos. Conforme Santos (2015),

> Pindorama (Terra das Palmeiras) é uma expressão tupi-guarani para designar todas as regiões e territórios da hoje chamada América do Sul. Utilizarei alternativamente colonização afro-pindorâmica para denominar a colonização nas Américas, enquanto um exercício de descolonização da linguagem e do pensamento (Santos, 2015, p. 20).

E é nesse sentido que indígenas e negros precisam somar esforços na luta contra o racismo e o etnocídio, pois ambos os grupos foram/são perversamente afetados pela colonialidade (Bernardino-Costa; Maldonado-Torres; Grosfoguel, 2020).

A geopolítica em que se localiza o povo brasileiro pertence também ao contexto de uma Améfrica Ladina que, conforme Gonzalez (2020):

> Trata-se de um olhar novo e criativo no enfoque da formação histórico-cultural do Brasil que, por razões de ordem geográfica e, sobretudo, da ordem do inconsciente, não vem a ser o que geralmente se afirma: um país cujas formações do inconsciente são exclusivamente europeias, brancas. Ao contrário, ele é uma América Africana cuja latinidade, por inexistente, teve trocado o T pelo D para, aí sim, ter o seu nome assumido com todas as letras: Améfrica Ladina (não é por acaso que a neurose cultural brasileira tem no racismo o seu sintoma por excelência). Nesse contexto, todos os brasileiros (e não apenas os “pretos” e os “pardos” do IBGE) são ladino-amefricanos. [...] Enquanto denegação de nossa ladino-amefricanidade, o racismo “à brasileira” se volta justamente contra aqueles que são o testemunho

> vivo da mesma (os negros), ao mesmo tempo que diz não o fazer ("democracia racial" brasileira) (Gonzales, 2020, p. 115).

Resgatar a condição afropindorâmica e ladino-amefricana que perpassa a vida do povo brasileiro, é fundamental na luta antirracista pela cidadania, para não se perder de vista que há possibilidades de resistência contracolonial[2] e, por isso, possibilidades emancipatórias que confluem num território marcado fortemente por pobreza, violência, racismo, fome, não cidadania, desemprego, desigualdades diversas, opressão de gênero, fundamentalismo religioso, falta de saneamento básico... Situações estas que, ao ocuparem a centralidade do enfoque analítico, podem deixar ausentes os valores emancipatórios ancestrais, afropindorâmicos, ladino-amefricanos, presentes no quer-fazer dos sujeitos oprimidos-periféricos. Nesse sentido, Freire (2019a) afirma não ser possível pensar os caminhos da luta emancipatória distante dos sujeitos oprimidos-periféricos. Esta luta, porque justa, deve ser com eles, caminhando lado a lado, e não sem eles, por eles ou "a luta deles", é o caminhar sempre em busca da emancipação enquanto condição coletiva para o alcance do bem comum.

> A luta pela humanização, pelo trabalho livre, pela desalienação, pela afirmação dos homens como pessoas, como "seres para si", não teria significação. Esta somente é possível porque a desumanização, mesmo que um fato concreto na história, não é, porém, destino dado, mas resultado de uma "ordem" injusta que gera a violência dos opressores e esta, o ser menos (Freire, 2019a, p. 41).

A condição de oprimido-periférico não é uma condição inexorável, é possível de ser radicalmente transformada. Como afirmam Santos (2015) e Gonzalez (2020), pensar os sujeitos oprimidos-periféricos para

---

[2] Os conceitos contracolonizar, descolonizar ou decolonizar operam neste livro com o mesmo sentido. Iremos fazer a opção de utilizar o conceito contracolonizar na maior parte dos casos, por assim entender, como Santos (2015, 2020), que se refere a uma experiência concreta e histórica, e não apenas teórica. Esse conceito para nós se aproxima melhor da realidade social dos sujeitos oprimidos-periféricos, entendendo que a postura emancipatória está presente neles e não é externa a eles e nem é para eles.

além da cultura do colonizador é um processo de descolonização da linguagem, do ser, do poder e do saber.

Visto isso, à opção política-intelectual-epistemológica presente no livro Stetsenko (2021) chama "ético-ontoepistemologia ativista", para uma problematização do campo social a partir da valorização das obras de autores que se dedicaram a contracolonizar a matriz eurocêntrica-colonial-opressora, que tende à universalização do mundo. Por isso, temos consciência de que o "modelo tradicional de ciência é atualmente um dos pilares da agenda neoliberal e sua economia do conhecimento sustenta o *status quo* sociopolítico e econômico geral" (Stetsenko, 2021, p. 21). Também reconhecemos que "existe, na América Latina, uma configuração particular entre desigualdades e (re)produção de conhecimentos que não pode ser resumida a um 'contexto' ou 'pano de fundo' dentro do qual opera a pesquisa" (Bringel; Varella, 2016, p. 475).

Alguns pesquisadores podem simplesmente fazer a escolha da ciência para a ciência. Para nós, a ciência que fazemos deve apresentar contribuição intelectual, com a construção de um projeto político que contribua para a liberdade e emancipação de todos, todas, todes. Por isso, fazer a opção do Brasil enquanto território periférico, é não compactuar com o *status quo* da ordem hegemônica imposta pela agenda do capitalismo.

A partir de inspirações gramscistas quanto ao intelectual orgânico, compreende-se aqui que

> os intelectuais devem estar sempre em contato com os simples e a realidade, a fim de, não só produzir conhecimento, mas também para construir, a partir da expansão dos aparatos teóricos revolucionários, um bloco intelectual e moral que torne possível um progresso intelectual das massas e não só de poucos grupos intelectuais (Bringel; Varella, 2016, p. 484).

Em acordo com Munanga (2020), compreendemos que

> intelectual é um cientista que influencia na mudança da sociedade humana. Você pode ser um cientista que passa a vida no laboratório, mas não se incomoda com os rumos da sociedade. É cientista sim, mas não é intelectual (Munanga, 2020, s/p).

A crítica à ciência tradicional formulada pela Escola Frankfurt alcançou um profundo impacto no contexto da Améfrica Ladina (Alves-Mazzotti, 2000). O pensamento crítico busca:

> a superação das dicotomias entre saber e agir, sujeito e objeto, e ciência e sociedade, enfatizando os determinantes sócio-históricos da produção do conhecimento científico e o papel da ciência na divisão social do trabalho. O sujeito do conhecimento é um sujeito histórico que se encontra inserido em um processo igualmente histórico que o influencia. O teórico crítico assume essa condição e procura intervir no processo histórico visando a emancipação do homem através de uma ordem social mais justa (Alves-Mazzotti, 2000, p. 117).

A partir da crítica da ciência tradicional, outras perspectivas epistemológicas, que nomearemos como "estudos decoloniais", emergem, a fim de melhor compreensão das especificidades do contexto ladino-amefricano/afropindorâmico e da relação modernidade/colonialidade, tais como feminismo negro (Hooks, 2013; Ribeiro, 2020), descolonização (Césaire, 1978; Fanon, 1961, 2008; Freire, 1978; Gomes, 2020) decolonialidade (Bernardino-Costa; MaldonadoTorres; Grosfoguel, 2020; Walsh, 2013), contracolonização (Santos, 2015, 2020; Santos; Mayer, 2020; Mayer, 2020), anticolonialismo (Hooks, 2013; Ramalho, 2019); pós-colonialismo (Césaire, 1978; Fanon, 1961, 2008; Santos, 1999; Spivak, 2010), epistemologias do Sul (Santos, 1999; Santos, Meneses, 2009[3]), pedagogia crítica/decolonial/engajada (Freire, 2019a; Giroux, 1997; Hooks, 2013; Walsh, 2013), pedagogia das encruzilhadas (Mayer, 2020; Rufino, 2018) sendo estes alguns dos conceitos e autores

---

[3] Neste livro citaremos apenas as contribuições teóricas de Boaventura de Sousa Santos ao debate emancipatório presente em quatro obras (Santos, 1999; Santos; Meneses, 2009; Santos, 2014; Santos, 2017). Repudiamos a postura deste autor nas relações interpessoais dentro do Centro de Estudos Sociais (CES), onde foi acusado de assédio sexual, tendo a Deputada Bella Gonçalves, de Minas Gerais, como uma de suas vítimas. Nós pesquisadores em ciências sociais já tínhamos trabalhos em andamento após a repercussão do caso aqui no Brasil em abril de 2023. Ver mais em: https://apublica.org/2023/04/deputada-brasileira-denuncia-assedio-sexual-de-boaventura-durante-doutorado/. Acesso em: 24 de dez. 2023.

que podem ser compreendidos como do campo dos estudos críticos do Sul — bem como outros aliados a outras perspectivas pós-modernas e pós-estruturalistas (Stetsenko, 2021).

Assim, ao assumirmos o campo teórico-epistemológico do livro como decolonial-emancipatório, buscamos a confluência entre os diferentes autores e pensamentos que partem do Sul global, sem deixar de dialogar com autores do norte que, vez ou outra, possam apresentar contribuições significativas para o campo dos estudos críticos e para a construção do projeto emancipatório que acreditamos ser possível (Santos, Meneses, 2009), uma vez que não fazemos aqui a rejeição do método científico, mas sim sua radical reconceitualização (Stetsenko, 2021) numa espécie de encruzilhada que almeja "a reinvenção dos seres, a partir dos cacos desmantelados, o reposicionamento das memórias e a justiça cognitiva diante do trauma e das ações de violência produzidas pelo colonialismo" (Rufino, 2018, p. 74). Deste modo, foi buscada uma capacidade analítica que melhor compreenda um contexto político-social periférico, negro, brasileiro, pois a empiria e a teoria presentes aqui se preocupam com

> sujeitos e conhecimentos que buscam, interpretam, indagam, produzem e fazem a disputa por outras narrativas. Narrativas negras. Narrativas diaspóricas. Narrativas que compõem a diversidade epistêmica no campo do conhecimento científico eivadas de aprendizados construídos na história e nas práticas e experiências culturais, políticas e sociais, que fazem parte dos processos de pluralidade interna e externa da ciência (Gomes, 2020, p. 244).

Ao lembrar do que disse Mao sobre as posturas necessárias para a construção do socialismo, Freire (1981) conclama os intelectuais para a ruptura com o elitismo da ciência tradicional e para a crença nas massas.

> Mais e mais, disse certa vez Mao, devem os intelectuais tornar-se trabalhadores; mais e mais os trabalhadores tornar-se intelectuais.". Na verdade, se queremos realizar uma sociedade socialista, deixamos de lado o nosso elitismo. Começamos a dar provas de que acreditamos no Povo, mesmo reconhecendo as suas deficiências. Deficiências também as temos e muitas (Freire, 1981, p. 40).

Assim, a perspectiva política-intelectual-epistemológica da qual fizemos opção é, também, pesquisa militante. A pesquisa é militante pela igual necessidade do

> compromisso ético e político com a mudança social e que, por isso, implica posicionamentos e atuações proativas em várias áreas da vida, como a profissional e a acadêmica, envolvendo a inserção em espaços coletivos de discussão, articulação e mobilização com objetivo de viabilizar e potencializar lutas políticas que representem a construção de uma sociedade mais justa e igualitária. Portanto, considerando a impossibilidade de dissociação entre o científico e o político, a pesquisa militante recoloca, em um patamar digno e legítimo, as investigações que envolvam a produção de conhecimento, a ação política e a mudança da realidade social (Bringel; Varella, 2016, p. 484).

E, se ainda restar alguma dúvida, reafirmamos o que disse Freire (1981):

> É possível que certos cientistas sociais do Primeiro Mudo digam que, na medida em que o povo participe em investigações em torno de si mesmo estaremos estragando ou prejudicando a cientificidade da pesquisa que, segundo eles, esta presença popular não permite que os achados da pesquisa se apresentem de "forma pura". O que ocorre, porém, é que, quando os mesmos cientistas sociais que fazem estas afirmações em torno da "pureza" dos achados, estão trabalhando na interpretação dos resultados de suas pesquisas, não podem evitar a interferência de sua subjetividade na interpretação que fazem. Como não podem evitá-la no momento mesmo em que "desenham" a pesquisa. Em última análise, sua subjetividade interfere na "forma pura" dos seus descobrimentos (Freire, 1981, p. 37).

Retomando a questão da mudança teórica ocorrida no interior do processo de construção epistemológica desta pesquisa, denominamos, em acordo com Maldonado-Torres (2020) e Grosfoguel (2020), essa mudança como "giro decolonial". Ao "trazer a questão do significado e da importância do colonialismo indica um giro decolonial no tema e o começo de uma atitude decolonial que levanta questões sobre o mundo moderno/colonial" (Maldonado-Torres 2020, p. 33). Para esse giro, não basta teorizar sobre a cidadania. É urgente praticar e atualizar atitudes cotidianas de rompimento com posturas autoritárias, burocráticas e hierarquizadas nas relações que estabelecemos frente ao Estado brasileiro. É essencial para isso de(s)colonizar o ser, o saber e o poder nas ações cotidianas que promovam encontros horizontais e dialógicos entre práticas e experiências, saberes e conhecimentos de diversas origens e matizes.

Assim, no capítulo 1 discutiremos os conceitos de colonização, colonialismo e colonialidade. No capítulo 2, aprofundaremos a questão da colonialidade diante da consolidação do Estado moderno e da sociedade contemporânea. No capítulo 3, apresentaremos o conceito da emancipação que acreditamos ser possível para o Brasil, a emancipação afropindorâmica. No capítulo 4, abordaremos o conceito de cidadania moderna a partir da Revolução Inglesa. No capítulo 5, as críticas sobre a cidadania moderna e no capítulo 6 a análise crítica da cidadania na fundação do Estado Liberal no Brasil em 1822 e de questões ao longo de seus 200 anos de fundação, completados em 2022. No capítulo 7, discorremos sobre o conceito de raça frente à teoria do desenvolvimento humano. No capítulo 8, elucidaremos a condição estrutural do racismo contemporâneo. No capítulo 9, traremos dados empíricos de pesquisa realizada em região periférica do município de Betim, para problematizar o pseudoargumento de "cidadão de bem" disseminado no Brasil. E, como fechamento, será destacada a importância que o movimento negro brasileiro tem na luta pela cidadania e pela construção de um projeto emancipatório do Brasil.

1. COLONIZAÇÃO, COLONIALISMO E COLONIALIDADE

Para compreender as históricas e estruturais relações estabelecidas entre os seres humanos é imprescindível tratar da questão da colonialidade (Bello, 2015; Gomes, 2017; Quijano, 2005).

> Na verdade, agora o sabemos, não existe burguesia nos países subdesenvolvidos. O que cria a burguesia não é o espírito, o gosto ou as maneiras. Não são sequer as esperanças. A burguesia é antes de mais o produto directo de realidades económicas objectivas. Mas, nas colónias, a realidade económica é uma realidade burguesa estrangeira. Através dos seus representantes, é a burguesia metropolitana a que está presente nas cidades coloniais (Fanon, 1961, p. 186).

Mesmo após a instauração de democracias liberais em países com histórico de colonização como o Brasil, verifica-se que há uma herança do colonialismo entre nós, denominada como a colonialidade (Quijano, 2005; Gomes, 2020). Por isso, Fanon (1961) afirma que a burguesia que se ascendeu nas ex-colônias, como no Brasil, são meros representantes da burguesia da metrópole do Norte. Assim, antes mesmo de ganhar amplitude com esse termo, os significados da colonialidade já eram estudados e denunciados por intelectuais e militantes negros(as) e indígenas (Gomes, 2020; Grosfoguel, 2020).

Sobre a colonização, Aimé Césaire (1978) a define do seguinte modo:

> [...] colonização? Concordemos no que ela não é; nem evangelização, nem empresa filantrópica, nem vontade de recuar as fronteiras da ignorância, da doença, da tirania, nem propagação de *Deus*, nem extensão do *Direito;* admitamos, uma vez por todas, sem vontade de fugir às consequências, que o gesto decisivo,

> aqui, é o do aventureiro e do pirata, do comerciante e do armador, do pesquisador de ouro e do mercador, do apetite e da força, tendo por detrás a sombra projectada, maléfica, de uma forma de civilização que a dado momento da sua história se vê obrigada, internamente, a alargar à escala mundial a concorrência das suas economias antagônicas (Césaire, 1978, p. 14-15).

Portanto, a colonização poder ser compreendida, nas palavras de Césaire (1978, p. 14-15) como "*uma forma de civilização que a dado momento da sua história se vê obrigada, internamente, a alargar à escala mundial a concorrência das suas economias antagônicas*". É a partir da elaboração do sistema de colonização que surge a ideia de raça[4] como um critério estabelecido pelo europeu colonizador para se diferenciar dos outros povos que não eram como o branco europeu. O sentido de raça moderno só passa a existir com a mentirosa "descoberta" da América, onde, na perspectiva eurocêntrica do conhecimento, o povo que habitava as terras da América seria de uma espécie primitiva e não civilizada, visão esta que se embasou em justificativas de inferioridade natural, como traços fenotípicos, condição cognitiva e cultural, para assim tornar o branco europeu superior e capaz de implantar o sistema de colonização, que duraria, formalmente, até o século XIX na América Latina e XX para outros povos da África e Ásia (Borges, 2017; Quijano, 2005).

Em relação ao colonialismo, este se relaciona com a implementação do processo de colonização e com a colonialidade como a persistência de lógicas coloniais até mesmo após a extinção formal das colônias e a declaração de independências dos países historicamente colonizados.

> Colonialismo pode ser compreendido como a formação histórica dos territórios coloniais; o colonialismo moderno pode ser entendido como os modos específicos pelos quais os impérios ocidentais colonizaram a maior parte do mundo desde a "descoberta"; e colonialidade pode ser compreendida como uma lógica global de desumanização que é capaz de existir até mesmo na ausência de

---

[4] Para Quijano (2005), a codificação da cor e dos traços fenotípicos como critério racial foi provavelmente estabelecida na área britânico-americana.

> colônias formais. A "descoberta" do Novo Mundo e as formas de escravidão que imediatamente resultaram daquele acontecimento são alguns dos eventos-chave que serviram como fundação da colonialidade (Maldonado-Torres, 2020, p. 36).

A colonialidade como processo subsequente do colonialismo se funda junto deste no processo de escravização dos negros e de exploração dos corpos aborígenes e ameríndios. E é tema relevante de ser cada vez mais estudado, visto que

> o fim do colonialismo político, enquanto forma de dominação que envolve a negação da independência política de povos e/ou nações subjugados, não significou o fim das relações sociais extremamente desiguais que ele tinha gerado, (tanto relações entre Estados como relações entre classes e grupos sociais no interior do mesmo Estado). O colonialismo continuou sobre a forma de colonialidade (Santos; Meneses, 2009, p. 12).

Se o colonialismo continua como forma de colonialidade, continuam-se processos de expropriação dos bens naturais e controle territorial, bem como relações do mercado financeiro e dos Estados-nações modernos, promovendo formas de controle de bens físicos, mas também formas de colonização das mentes e autocolonização, na qual os próprios colonizados criam relações de dependência com as estruturas e culturas coloniais (Maldonado-Torres, 2020).

Assim, a colonialidade realiza um atravessamento entre as estruturas do poder, do saber e do ser. A colonialidade do poder refere-se às relações culturais, políticas e econômicas de dominação, num sentido estrutural. A colonialidade do saber se assenta na produção do conhecimento eurocêntrico como razão universal, envolvendo sujeito, objeto e método, tendo as escolas e o campo da produção científica como lócus de reprodução. Por sua vez, a colonialidade do ser estabelece uma hierarquia entre os povos onde os europeus assumiram a função de colonizar/dominar os demais povos e assim os colonizados passam a negar sua própria cultura originária e a reivindicar o modo de vida e a cultura dos colonizadores. Essas três perspectivas juntas formam o sistema de colonialidade, que, aliado ao projeto moderno-

-capitalista-colonizador-eurocêntrico, irá configurar-se atualmente como o padrão mundial de poder ou também o sistema-mundo (Grosfoguel, 2020; Maldonado-Torres, 2020; Quijano, 2005; Wallerstein, 1999). A "colonialidade do poder, ser e saber objetiva manter os condenados em seus lugares, fixos, como se eles estivessem no inferno" (Maldonado-Torres, 2020, p. 44). Além disso, a colonialidade opera numa interseccionalidade de raça, gênero e classe social (Akotirene, 2018; Crensahw, 2012; Gomes, 2020; Gonzalez, 2020; Hooks, 2013; Ribeiro, 2020), podendo ser compreendida como fruto de um patriarcado capitalista de supremacia branca (Hooks, 2013).

2. A COLONIALIDADE DO PODER, DO SABER E DO SER

Há diferentes interpretações sobre o início da chamada modernidade. Na historiografia esta é datada em 1453 com a tomada de Constantinopla e findada em 1789 com a Revolução Francesa burguesa. Entre os pós-estruturalistas, como Foucault, a modernidade teria início com a obra de Immanuel Kant entre 1724 a 1804 (Borges, 2017). Gomes (2017, p. 43) aponta que a modernidade ocidental "se constitui a partir do século XVI e se consolida entre finais do século XVIII e meados do século XIX". Porém, a definição conceitual de Dussel (1993) sobre a modernidade possibilita um entendimento que se aproxima melhor dos objetivos deste estudo:

> O ano de 1492, segundo nossa tese central, é a data do 'nascimento' da Modernidade; embora sua gestação – como o feto – leve um tempo de crescimento intra-uterino. A modernidade originou-se nas cidades européias medievais, livres, centros de enorme criatividade. Mas 'nasceu' quando a Europa pôde se confrontar com o seu 'Outro' e controlá-lo, vencê-lo, violentá-lo: quando pôde se definir como um 'ego' descobridor, conquistador, colonizador da Alteridade constitutiva da própria Modernidade. De qualquer maneira, esse Outro não foi 'descoberto' como Outro, mas foi 'en-coberto' como o 'si-mesmo' que a Europa já era desde sempre (Dussel, 1993, p. 8).

A partir das palavras de Dussel, só faz sentido pensar o nascimento da modernidade diretamente relacionada ao sistema de colonialidade (Quijano, 2005). Ao encobrir os indígenas e os negros, definindo-os como atrasados, incapazes e impotentes, os europeus se definiam e se afirmavam como modernos, potentes e avançados. O avanço e o desenvolvimento econômico, político e social da Europa e, também, a garantia de direito que o Estado Liberal com a modernidade passará a garantir aos cidadãos burgueses europeus com as revoluções burguesas só pode existir encobrindo, isto é, negando, invisibilizando, dominando e explorando outros povos. Esses outros povos, ao serem encobertos, têm dilacerada a possibilidade de serem respeitados e compreendidos como seres humanos (Dussel, 1993). E é na modernidade que se inaugura o capitalismo, o Estado e a democracia liberal, como também a colonização.

Por isso, o projeto moderno-capitalista-civilizatório-eurocêntrico é sobretudo um projeto de discriminação racial, de rebaixamento dos negros e dos indígenas (Almeida, 2020; Gomes, 2017; Maldonado-Torres, 2020; Quijano, 2005; Ribeiro, 2020). Diferentemente do que parte da intelectualidade europeia pensa, a modernidade não é projeto emancipatório. Devido à sua estreita relação com a colonialidade, "é um projeto civilizatório que se produz no calor da violência e difunde com a violência em escala planetária que gerou a expansão colonial europeia" (Grosfoguel, 2020, p. 62).

Conforme Quijano (2005, p. 122), a colonização codificou a relação entre a Europa e o restante do mundo em um jogo de conflito entre primitivo-civilizado, oriente-ocidente, mítico-científico, irracional-racional, tradicional-moderno, isto é, Europa e não Europa, impondo uma "perspectiva binária, dualista, de conhecimento, peculiar ao eurocentrismo" que passa a se torna mundialmente hegemônica. Neste contexto, a única categoria que foi minimamente vista como o outro do europeu foi o "oriente", pois parcela significativa da cultura do povo asiático pôde ser preservada. Já os indígenas da América e os negros da África sempre foram os mais negativamente afetados, pois eram simplesmente vistos como primitivos. Assim, a raça é uma categoria básica na relação entre europeu e não europeu. Ainda conforme o autor, sobre eurocentrismo, compreende-se

> o nome de uma perspectiva de conhecimento cuja elaboração sistemática começou na Europa Ocidental antes de mediados do século XVII, ainda que algumas de suas raízes são sem dúvida mais velhas, ou mesmo antigas, e que nos séculos seguintes se tornou mundialmente hegemônica percorrendo o mesmo fluxo do domínio da Europa burguesa. Sua constituição ocorreu associada à específica secularização burguesa do pensamento eu-

> ropeu e à experiência e às necessidades do padrão mundial de poder capitalista, colonial/moderno, eurocentrado, estabelecido a partir da América (Quijano, 2005, p. 126).

A colonialidade no âmbito do poder opera, neste primeiro momento, como uma situação conflitiva entre o "estrangeiro" e o "nativo", onde o primeiro invade o território do segundo para dominar e controlar suas terras, riquezas e os próprios sujeitos nativos, utilizando-se de instrumentos religiosos, normativos, morais e culturais para estabelecer

> um processo permanente de produção de menoridades, de legitimação da dominação do colono pelo colonizado como uma tarefa civilizatória, inclusiva e salvífica que justifica ou esconde a violência simbólico-material que é a única base para a produção dessas minorias (Danner; Dorrico; Danner, 2020, p. 64).

E ao ter como referência o eurocentrismo, para melhor adentrar o sistema cultural dos Outros, aliado ao sistema capitalista, acaba por se transformar em mercadoria a fim de replicar "de maneira tão naturalizada que uma criança que cresce dentro dessa lógica vive isso como se fosse uma experiência total" (Krenak, 2020, p. 54).

Para ilustrar a tentativa de imposição de colonialidade nos sujeitos, Fanon (2008) cita o seguinte exemplo:

> Lembro-me, há pouco mais de um ano, em Lyon, após uma conferência onde eu havia traçado um paralelo entre a poesia negra e a poesia européia, de um amigo francês me dizendo calorosamente: "No fundo você é um branco". O fato de ter estudado um problema tão interessante através da língua do branco me atribuía o direito de cidadania (Fanon, 2008, p. 50).

A colonialidade do poder opera de tal modo, como no tentar embutir na mente e nas ações dos Outros a matriz eurocêntrica: "*No fundo você é um branco*". Na estrutura da colonialidade, o colonizado

> vive em função da superação da situação de "inferno" gerada pelo dominador, para chegar ao "paraíso", que é o lugar onde se encon-

> tra o colonizador. Para Fanon, o olhar do colonizado reflete o olhar do próprio colonizador (Mesquida; Peroza; Akkari, 2014, p. 99).

Como veremos mais detalhadamente nas outras partes deste trabalho, a cidadania, como parte do processo de emancipação e de superação de todas as formas de opressão, não é uma dádiva dos dominadores, mas uma conquista dos dominados.

O interesse no fim do processo colonizador é garantir a expropriação econômica da Améfrica Ladina. Para isso, implementou-se uma hegemonia cultural por meios violentos, como a imposição de uma nova língua, religião, ocupação militar, além da realidade burocrática, política e da prática escravagista, com fins exclusivamente econômicos. Todas as formas de conhecimento dos indígenas e dos negros que vieram para a Améfrica foram extremamente reprimidas, visando atacar suas subjetividades. Com isso, a Europa, ao se estabelecer como o novo padrão de poder mundial, "concentrou sob sua hegemonia o controle de todas as formas de controle da subjetividade, da cultura, e em especial do conhecimento, da produção do conhecimento" (Quijano, 2005, p. 121).

Apesar de no mundo ocidental afirmar-se o fim do colonialismo como matriz de dominação política, no século XXI ainda se observa a existência de "novos neocolonialismos, indicando como o imperialismo dominante desloca seu interesse para outros territórios. Fruto do capitalismo financeiro global, faz avançar também o neoliberalismo" (Borges, 2017, p. 19). A matriz de dominação política apenas muda sua face e as formas de dominar e oprimir, impedindo a emancipação dos povos historicamente colonizados. Não à toa os meios de comunicação hegemônicos brasileiros e livros didáticos reproduzem ainda no século XXI estereótipos eurocêntricos através de informações que enfatizam que os países com civilização e economia desenvolvidas são apenas os localizados na Europa e em sua extensão na América do Norte e Oceania (Gomes, 2020). Por outro lado, países como Brasil, China, África do Sul e México são eternamente chamados de "emergentes", e os demais países fora desse eixo são eternamente "subdesenvolvidos". Essa divisão geopolítica do mundo condiciona os países que passaram pelo processo de colonização a serem fadados à dependência dos ditos países desenvolvidos. No Brasil, por exemplo, mesmo com todos os processos de desenvolvimento e expansão econômica iniciada no país, não foi possível retirar a população brasileira oprimida-periférica da condição de subcidadania (Souza, 2003), e também esse processo só fez acelerar a

> degradação e expropriação territorial seguida da conformação de grandes latifúndios voltados à monocultura de exportação, a urbanização e a industrialização desenfreados, característicos do desenvolvimento da economia capitalista no Brasil. Processo esse iniciado no Estado Novo, intensificado na República Nova (1945-64), período em que os historiadores localizam o surgimento da ideologia desenvolvimentista, e elevado a patamares de destruição e violência inimagináveis na Ditadura Militar (1964-1985) e no que hoje os colonizadores chamam de Estado Democrático de Direito (1985-Atual) (Santos, 2015, p. 51).

Observa-se que o poder colonial de tempos em tempos muda as formas de dominação e as denominações de suas instituições chamadas "civilizatórias", a fim de continuar a manter sua hegemonia de poder nos países periféricos, praticando deste modo violência, discriminação, invasão cultural, expropriação e ataque mortal aos corpos negros, indígenas e de quem ousar defendê-los. Não à toa, Mbembe (2018) destaca que o atual contexto do sistema mundo produz o fenômeno da necropolítica, que Gomes e Teodoro (2021) observam que cada vez mais tem atingido corpos da infância negra no contexto do Brasil. Se esse chamado "Estado Democrático de Direito" não consegue proteger e resguardar vidas do povo que governa, pode-se dizer que legitima então a guerra. Como aponta Krenak: "Ou você ouve a voz de todos os outros seres que habitam o planeta junto com você, ou faz guerra contra a vida na Terra" (Krenak, 2020, p. 38).

Em relação ao saber, destaca-se que, ao longo do século XX, emergiram várias lutas anticoloniais na África e Améfrica Ladina entre os anos 1960 e 1970 e teóricos decoloniais nos anos 1990 dispostos a pensar o paradigma da modernidade/colonialidade, em busca de romper com a condição de invisibilização, negação e silenciamento provocados pelos colonizadores. Um dos focos de luta do movimento decolonial foi a busca por romper com o paradigma da matriz europeia como a hegemonia do conhecimento, em que essa perspectiva busca determinar o mundo sob a ótica "moderna, iluminista, antropocêntrica, racionalista, universalista, burguesa, capitalista, individualista – espraiada mundo afora pelas expansões europeias conquistadoras ('globalizações')" (Bello, 2015, p. 50).

O movimento decolonial composto por pensadores da América Latina, África e Ásia busca compreender, por meio de epistemologias próprias, as epistemologias do Sul, isto é, "calcadas nas suas ancestralidades e culturas, [...] em que medida categorias e instituições impostas à força pelos colonizadores devem persistir na normatividade e na realidade de seus países e comunidades" (Bello, 2015, p. 50). Como enfatiza Kilomba (*apud* Ribeiro, 2020) a palavra epistemologia é de origem grega e vem de "episteme", cujo significado é a ciência da aquisição do conhecimento. A epistemologia determina os temas que merecem atenção, como explicar determinados fenômenos e os métodos que serão usados para a produção de conhecimento confiável e verdadeiro. Para Santos e Meneses (2009),

> Toda a experiência social produz e reproduz conhecimento e, ao fazê-lo, pressupõe uma ou várias epistemologias. Epistemologia é toda a noção ou ideia, reflectida ou não, sobre as condições do que conta como conhecimento válido (Santos; Meneses, 2009, p. 9).

A partir dos estudos de Lélia Gonzalez, Ribeiro (2020) aponta haver uma relação inextrincável entre a hierarquização social e a hierarquização do saber. "Ou seja, reconhecendo a equação: quem possuiu o privilégio social, possui o privilégio epistêmico, uma vez que o modelo valorizado e universal de ciência é branco" (Ribeiro, 2020, p. 24).

A episteme eurocêntrica, ao se apresentar como universal, também impõe a classificação racial, de gênero e classe

> por meio da qual justificará a dominação como padrão de suas relações coloniais, naturalizando e, assim, legitimando uma divisão entre dominador e dominado, senhor e servo, na qual os europeus se colocam sempre em posição superior (Borges, 2017, p. 25).

O mundo já não poderá ser mais compreendido a partir da imposição de uma história única e universal definida pela Europa para o mundo, onde segundo essa linha de pensamento a humanidade se caracteriza por fases históricas, que vão progredindo e avançando até chegar ao ápice com a modernidade. A organização do conhecimento universalista está pautada no racismo epistêmico

> daqueles que podem formular um conhecimento científico legítimo e daqueles que não o podem. É aqui que nos deparamos com outro conceito sistematizado pelos teóricos da decolonialidade: a noção de geopolítica e corpo-política do conhecimento como crítica ao eurocentrismo e ao cientificismo (Bernardino-Costa; Maldonado-Torres; Grosfoguel, 2020, p. 11).

Na perspectiva decolonial, a modernidade não pode ser compreendida como natural nem universal, sendo preciso desmascará-la com ferramentas do tipo "epistemologia do ponto zero", ou epistemologias do Sul (Bello, 2015). Romper com a epistemologia dominante é avançar no debate sobre como o poder hegemônico oprime e homogeneíza as identidades. Na construção epistemológica há a imposição da máscara do silêncio ao povo negro e indígena; metaforicamente, a mesma utilizada de forma obrigatória por escravizados, que eram impedidos de comer durante a realização de seu ofício, mas também eram impedidos de falar. Assim, quando os brancos falam, seu falar é considerado científico, normativo e central; mas, quando negros e indígenas falam, não é científico, é desviante e marginal (Kilomba, 2019; Ribeiro, 2020). Como contraponto à episteme hegemônica, as epistemologias do Sul podem ser definidas como

> o conjunto de intervenções epistemológicas que denunciam a supressão das muitas formas de saber próprias dos povos e/ou nações colonizados. Essa supressão é resultado de um processo histórico de dominação epistemológica imposta pelo colonialismo. As epistemologias do Sul valorizam os saberes que resistiram com êxito a essa dominação e investigam as condições de um diálogo horizontal entre conhecimento e práticas (Gomes, 2017, p. 54).

Para Santos e Meneses, "As epistemologias do Sul são um convite a um amplo reconhecimento das experiências de conhecimentos do mundo, incluindo, depois de reconfiguradas, as experiências de conhecimento do Norte global" (Santos; Meneses, 2009, p. 18). As epistemologias do Sul, conforme Gomes (2017), valorizam os saberes tradicionais dos povos que foram colonizados e buscam promover a horizontalidade na relação teoria e prática. Por outro lado, a supressão dos conhecimentos tradicionais desses povos provoca o fenômeno do epistemicídio como "morte do conhecimento e dos sujeitos que o produzem" (Gomes, 2017, p. 55). Matar o conhecimento do outro é mais uma das estratégias dos colonizadores para melhor controlar as subjetividades e a cultura dos não europeus, que, ao sistematizar deste modo

> um processo persistente de produção da inferioridade intelectual ou da negação da possibilidade de realizar as capacidades intelectuais, o epistemicídio nas suas vinculações com as racialidades realiza, sobre seres humanos instituídos como diferentes e inferiores constitui, uma tecnologia que integra o dispositivo de racialidade/biopoder, e que tem por característica específica compartilhar características tanto do dispositivo quanto do biopoder, a saber, disciplinar/ normalizar e matar ou anular (Carneiro, 2005, p. 97).

A superação da colonialidade do saber perpassa a ruptura das barreiras impostas pelo pensamento abissal, em que este cria um sistema de distinções dos seres humanos em visíveis e invisíveis, nos quais os primeiros só existem por causa dos invisíveis (Carneiro, 2005; Gomes, 2017). No pensamento abissal, o universo passa a ser dividido em dois lados por uma linha, onde o lado da hegemonia torna-se a única possibilidade de realidade de mundo, o outro lado desaparece, não tendo nenhuma relevância para o lado da hegemonia (Santos, 2017).

No contexto da construção de conhecimento, tanto as escolas da educação básica como as universidades operam como agências reprodutoras da colonialidade do saber a serviço de uma homogeneização eurocêntrica, que promove um processo de obliteração das diferenças culturais e tradicionais, como, por exemplo, a cultura oral, em substituição por uma cultura escrita na língua do colonizador, produzindo sujeitos que desde a infância serão mergulhados numa cultura de fazer existir vidas ausentes de seu sentido gnosiológico e ontológico enquanto se alcança como resultado sujeitos chapados para destruir o mundo (Carneiro, 2005; Gomes, 2020; Hooks, 2013; Krenak, 2020; Santos, 2015; Santos; Meneses, 2009). Por isso, é possível falar de uma "colonialidade da educação escolar" (Ramalho, 2019; Ramalho; Leite, 2020). E, nestas condições, o "que interessa ao poder opressor é enfraquecer os oprimidos mais do que já estão, ilhando-os, criando e aprofundando cisões entre eles, através de uma gama variada de métodos e processos" (Freire, 2019a, p. 190).

Para avançar na consolidação das epistemologias do Sul como contraponto à matriz hegemônica do conhecimento, Mignolo *apud* Streck (2017) propõe pensar epistemologias fronteiriças, pois, de certa forma, o pensamento ocidental moderno é inevitável, incontornável, mas ao mesmo tempo é limitado e enganoso. Assim, cria-se uma gramática da decolonialidade consciente de que o mundo pode ser lido a partir de outros lugares. Gomes (2017) propõe a desfamiliarização epistemológica, política e cultural com o Norte imperial para que se aprenda com o Sul. Entretanto, a autora enfatiza que, para aprender com o Sul, é preciso desfamiliarizar o Sul imperial, pois este é um produto do império. É preciso desfamiliarizar "em relação a tudo o que no Sul é o resultado da relação colonial capitalista" (Gomes, 2017, p. 92). Gomes (2017) e Streck (2017) propõem também aprender com o Movimento Negro e sua contribuição para o campo da educação. Ponderam que, apesar de se enaltecer os negros por suas expressões culturais como a música e a dança, ainda pouco se fala em nossa sociedade de sua contribuição para a educação e construção do pensamento. Nesse sentido,

> A produção do conhecimento do Movimento Negro, da negra e do negro sobre si mesmos e a realidade que os cercam não têm origem nos bancos acadêmicos nem nos meios políticos. Isso surgiu na periferia, na experiência da pobreza, na ação cotidiana, nas vivências sociais, na elaboração e reelaboração intelectual de sujeitos negras e negros, muitos dos quais nem sequer foram (e alguns ainda não são) reconhecidos como pesquisadores intelectuais e produtores de conhecimento (Gomes, 2020, p. 224).

O Movimento Negro detém o legado dos "saberes de resistência nas lavouras e nas senzalas; são experiências de organização nos quilombos; são memórias de uma ancestralidade que se recriou em novas formas de existência" (Streck, 2017, p. 197). Ainda, foi este movimento que trouxe e traz a cabo discussões sobre "racismo, discriminação racial, desigualdade racial, crítica à democracia racial, gênero, juventude, ações afirmativas, igualdade racial, africanidades, saúde da população negra, educação das relações étnico-raciais" (Gomes, 2017, p. 17). Por isso, para pensar os caminhos da luta contra a colonialidade do saber, mais do que criar um novo conhecimento, é fundamental que "alguém se reconheça nele. De nada valerá inventar alternativas de realização pessoal e coletiva, se elas não são apropriáveis por aqueles a quem se destinam" (Santos, 1999, p. 287).

Na perspectiva do ser, a assustadora face da colonialidade reside em que os europeus, mais do que imaginarem e projetarem a si mesmos como superiores aos demais seres humanos e como a mais avançada trajetória de civilização, conseguiram difundir e estabelecer sua própria matriz sobre a existência humana no "novo universo intersubjetivo do padrão mundial do poder" (Quijano, 2005, p. 122). Isto é, o branco europeu passa a ser a referência central na mente dos colonizados. Desde os primeiros contatos entre os colonizadores e os povos ameríndios, os brancos, por meio do etnocentrismo, passaram a discriminar e a tratar pejorativamente a cultura dos povos originários.

> É importante observar que ao se referir aos nativos, Pero Vaz de Caminha reconhece que a relação daquele povo com os elementos da natureza, ou seja, com o seu território, os permite uma condição de vida invejável diante da condição dos recém-chegados colonizadores. Isso demonstra, seguramente, que os colonizadores, ao acusarem esse povo de improdutivo e atrasado, estavam querendo refletir naquele povo a sua própria imagem (Santos, 2015, p. 37).

Toda a desgraceira que atualmente fundamenta o sistema mundo foi introduzida pela peste-branca, que não se contentava com outra cosmovisão que não permitisse relações de dominação. O projeto de civilização branca europeia "chamado de humanidade vai sendo descolado de maneira absoluta desse organismo que é a Terra, vivendo numa abstração civilizatória que suprime a diversidade, nega a pluralidade das formas de vida, de existência e de hábitos" (Krenak, 2020, p. 44).

A introdução da peste-branca tinha como objetivo tornar a existência da vida e do território do povo originário algo "produtivo" para fins de maximização da empreitada colonialista-capitalista, algo intensificado mais ainda a partir do processo de escravização dos negros e persistente no sistema-mundo dos dias atuais através dos mecanismos neoliberais. Ao mesmo tempo, "na colonialidade, o mundo moderno está instalado numa guerra permanente contra o povo colonizado, seus costumes e um vasto conjunto de suas criações e seus produtos como alvos mais diretos" (Maldonado-Torres, 2020, p. 38).

O fundamento da colonialidade do ser se assenta também no processo de embranquecimento da mente e cultura dos colonizados, e, enquanto estes passam a rejeitar a cultura do colonizador por não poderem ser quem são, este mundo embranquecido passa a ser observado com inveja, "o colonizado sonha sempre em instalar-se no lugar do colono. Não para converter-se no colono, claro, mas para substituí-lo" (Fanon, 1961, p. 49). Como destaca Carneiro (2005, p. 75), "o embranquecimento é tanto um projeto estético e eugênico, como uma estratégia de promoção dos grupos raciais considerados adequados para sustentar o processo de modernização econômica". O colonizado passa então, em sua luta individual, a buscar seu lugar no mundo do colonizador não para de(s)colonizar-se, mas para afirmar-se enquanto ser branco. Em sua condição de "alienação querem, a todo custo, parecer com o opressor. Imitá-lo. Segui-lo. Isto se verifica, sobretudo, nos oprimidos de 'classe média', cujo anseio é serem iguais ao 'homem ilustre' da chamada classe 'superior'" (Freire, 2019a, p. 68). O desenvolvimento dessa condição de dependência integral da cultura do opressor pode levar os oprimidos-periféricos ao necrófilo processo de destruição de vidas, da "sua ou da do outro oprimido também" (Freire, 2019a, p. 71). E assim sendo, melhor para a estabilidade dos invasores.

O projeto civilizatório eurocêntrico passa a operar desde a primeira infância, em que, nos primeiros contatos das crianças com o mundo colonizado, elas crescem num contexto onde estão naturalizados os dispositivos de racialidade, e se vai acumulando a percepção das suas predisposições genéticas com as miras voltadas para os corpos negros oprimidos-periféricos inscritos na linha da morte, pois, no "inconsciente coletivo, negro = feio, pecado, trevas, imoral. Dito de outra maneira:

preto é aquele que é imoral. Se, na minha vida, me comporto como um homem moral, não sou preto" (Fanon, 2008, p. 162-163). O branco está no topo das hierarquias sociais, na academia, na empresa, na rua[5], no metrô. Como diz bell hooks (2013), até uma pessoa

> branca pobre que jamais teria condições de contratar uma empregada negra afirmaria, em seus encontros com mulheres negras, uma presença dominadora, garantindo que o contato entre os dois grupos sempre colocasse as brancas em posição de poder em relação às negras (Hooks, 2013, p. 128).

A situação de prescrição vivida pelo oprimido-periférico é não conseguir agir com autonomia, sobreviver a partir de seus próprios critérios e/ou utilizando suas próprias palavras. A sociedade colonizada tem a riqueza e a fonte de recursos naturais como a terra (principalmente), controladas pelos colonizadores. Por isso, mesmo após a libertação dos escravizados no Brasil, verificou-se que negros escravizados continuaram a trabalhar para seus antigos proprietários à custa de comida e abrigo (Lewis, 2019). Na expansão dos centros urbanos, esses povos oprimidos classificados racialmente como marginais e inferiores são "incorporados como parte da periferia por meio de um processo de violência sistêmica de morte, [onde] têm estado em crise há 525 anos" (Grosfoguel, 2020, p. 70). E, mesmo diante das precárias condições de vida, o fato de habitarem as margens das cidades contribui para alimentar nos oprimidos-periféricos o sonho embranquecedor de nesse processo civilizatório se tornarem cidadãos, o que na verdade é o que os colonizadores querem os fazer acreditar.

> O mito, por exemplo, de que a ordem opressora é uma ordem de liberdade. De que todos são livres para trabalhar onde queiram.

---

[5] Aqui vale lembrar o caso ocorrido com Luana Tolentino, "Hoje uma senhora me parou na rua e perguntou se eu fazia faxina. Altiva e segura, respondi: – Não. Faço mestrado. Sou professora. Da boca dela não ouvi mais nenhuma palavra. Acho que a incredulidade e o constrangimento impediram que ela dissesse qualquer coisa". Disponível em: www.cartacapital.com.br/educacao/voce-faz-faxina-nao-faco-mestrado-sou-professora/. Acesso em: 10 fev. 2022.

> Se não lhes agrada o patrão, podem então deixá-lo e procurar outro emprego. O mito de que esta "ordem" respeita os direitos da pessoa humana e que, portanto, é digna de todo apreço. O mito de que todos, bastando não ser preguiçosos, podem chegar a ser empresários – mais ainda, o mito de que o homem que vende, pelas ruas, gritando: "doce de banana e goiaba" é um empresário tal que o dono de uma grande fábrica. [...] O mito da propriedade privada, como fundamento do desenvolvimento da pessoa humana, desde, porém, que pessoas humanas sejam apenas os opressores. [...] Acontece, porém, que grandes frações destas massas populares, já agora constituindo um proletariado urbano, sobretudo nos centros mais industrializados do país, ainda que revelando uma ou outra inquietação ameaçadora, carentes, contudo, de uma consciência revolucionária, se veem a si mesmas como privilegiadas (Freire, 2019a, p. 188-200).

Por isso, reafirmamos que não existem direitos e cidadania plena para os povos oprimidos-periféricos. Mesmo após a libertação dos negros escravizados, não se observou imediatamente a superação da situação de colonização/prescrição pelo povo negro, pois se "não consegue 'ser', caminhar com os próprios pés, precisa[-se] dos ditames de alguém que o controle, que diga o que tem que fazer" (Mesquida; Peroza; Akkari, 2014, p. 100). Além do controle e da prescrição sobre sua ação, os colonizados ou também o sujeito menor "não pode falar e nem tem condições de falar, para o colonizador – por isso, o sujeito maior, como tutor desse menor, deve falar por ele", isto é, por exemplo, a estrutura da democracia representativa brasileira (Danner; Dorrico; Danner, 2020, p. 64-65). O silêncio do colonizado é algo central ao sistema de colonialidade, pois: endossa a condição de subordinação ao colonizador (poder); impossibilita o colonizado de expressar o seu conhecimento livremente (saber); condena-o ao que o colonizador dele diz ou por ele diz ao não falar de sua existência (ser).

A partir da imposição da classificação racial, os europeus criaram os seus próprios parâmetros para se distinguirem dos demais grupos humanos, ao passo que conquistaram novos territórios no processo de expansão mundial (globalização). Assim,

> passaram a se autoproclamar brancos, em oposição aos fenótipos dos povos aborígenes e autóctones que colonizavam: índios (do latim: indígena = não gente) e negros (do vernáculo português: negro = aquele que recebe luz e não a reflete) (Bello, 2015, p. 53).

É nesse sentido que Freire e Faundez (1985) alertam para os riscos de assumir a língua do colonizador como oficial e mediadora da formação do povo colonizado, pois, ao assumi-la, se estará validando sua condição semântica. Como disseram Mesquida, Peroza e Akkari (2014, p. 106): "A rigor, o povo não estaria dizendo a 'sua' palavra, mas a palavra do colonizador". Há um enorme risco de, ao assim fazer, aprofundar-se ainda mais as desigualdades sociais e raciais em vez de resolvê-las. Mas, se os povos aborígenes e autóctones passaram a ser denominados pelos colonizadores como negros e índios, respectivamente, para serem demarcadas suas condições de inferioridade e submissão na visão eurocêntrica, hoje não se pode desconsiderar que se assumir como negro ou indígena é afirmar-se num sentido político na era de direitos de cidadania, para que esses povos recebam tratamento afirmativo rumo à superação da condição discriminatória, de invisibilidade e negação ao qual seus ancestrais viveram e ainda vivem na sociedade contemporânea (Gomes, 2017, 2020; Santos, 2015). Como destaca Nego Bispo, são potencialidades que os povos afropindorâmicos possuem para ressignificação das condições que lhes foram impostas e que marcam suas maneiras de ser. O conceito de afropindorama foi cunhado por Santos (2015) para se pensar o Brasil como um território construído pela identidade dos povos afro-brasileiros e indígenas, ao mesmo tempo que se descoloniza a linguagem e o pensamento hegemônico. O termo quilombo, por exemplo, é revelador nesse sentido:

> O termo quilombo que antes era imposto como uma denominação de uma organização criminosa reaparece agora como uma organização de direito, reivindicada pelos próprios sujeitos quilombolas. O mesmo ocorre com o termo povos indígenas, que também foi ressignificado por esses povos como uma categoria de reivindicação dos seus direitos. Ao acatarmos essas denominações, por reivindicação nossa, mesmo sabendo que no passado elas nos foram impostas, nós só o fizemos porque somos

> capazes de ressignificá-las. Tanto é que elas se transformaram do crime para o direito, do pejorativo para o afirmativo. Isso demonstra um refluxo filosófico que é um resultado direto da nossa capacidade de pensar e de elaborar conceitos circularmente (Santos, 2015, p. 95).

Ainda na perspectiva da colonialidade do ser, Ribeiro (2020) lembra da negra escravizada Anastácia, conhecida por usar a máscara do silêncio e estudada por autoras decoloniais como Grada Kilomba e Conceição Evaristo. A máscara do silêncio pode ser compreendida como símbolo político da colonialidade para silenciar e praticar a tortura. O ato de falar é uma radicalidade importante e necessária para que o povo colonizado supere sua condição de opressão. O lugar de fala daquelas pessoas que "foram forçadas ao lugar do Outro [são] serão narrativas que visam trazer conflitos necessários para a mudança" (Ribeiro, 2020, p. 79). É por isso que a negação do diálogo em qualquer espaço social, sobretudo no espaço escolar, deve ser postura veementemente combatida (Hooks, 2013). O "não ouvir é a tendência a permanecer num lugar cômodo e confortável daquele que se intitula poder falar sobre os Outros, enquanto esses Outros permanecem silenciados" (Ribeiro, 2020, p. 79).

A dialética decolonial proposta pela costura de dissonantes vozes dos diferentes povos tem oportunizado furar as bolhas da narrativa hegemônica, ainda que as pessoas que detêm privilégios e/ou cujas mentes permanecem colonizadas acusem desonestamente de agressivas e desconexas as vozes que buscam romper com a violência do silêncio imposto. Para superar a colonialidade do ser, rumo à possibilidade emancipatória, a luta deve ser incessante contra o silêncio das minorias e a opressão dominante, nas palavras do escritor indígena Daniel Munduruku (*apud* Danner; Dorrico; Danner, 2020, p. 71), esta luta é "fazer com que as pessoas não nos chamem por esse apelido, mas por nossos nomes, pelo que somos de fato, e não pelo que elas acham que nós somos".

3. EMANCIPAÇÃO AFROPINDORÂMICA

> É lhe dizer que esta história de contra colonialismo e a decolonialidade ainda vai lhe render muito. Mas só pra pontuar a minha preocupação com a decolonialidade é que ela não tem trajetória, não tem um referencial histórico de decolonialidade. E ao contrário, existem vários referenciais históricos de contra colonialidade. Então, eu ainda insisto em dizer que a contra colonialidade é um referencial histórico, é uma trajetória concreta, e a decolonialidade, assim como o marxismo, ainda é uma teoria, na minha compreensão. Mais aí vai a declamação "Quando nóis escrevemos mal ortografados e quando nóis falamos meio desajeitado, quando nóis cantamos desafinando e quando nóis dançamos descompassado, quando nóis pintamos borrando e quando nóis desenhamos inviasado, não é porque estamos errando, mas é porque não somos colonizados" (Santos, 2020).

O que se objetiva com o pensamento decolonial é alcançar o processo emancipatório, o que pode ser percebido nas mais diversas vozes afropindorâmicas e ladino-amefricanas que buscam contracolonizar o sistema-mundo opressor, algo observado antes mesmo da decolonialidade ser sistematizada enquanto a teoria de um projeto emancipatório que parte dos povos negros (Gomes, 2020). Assim, o decolonial pode ser compreendido como emancipatório e a emancipação como decolonial, em que de(s)colonizar também é emancipar. Não se pode falar em de(s)colonização e emancipação sem partir dos povos afropindorâmicos. Quem assim fizer, cometerá uma traição aos princípios da decolonialiadade (Bernardino-Costa; Maldonado-Torres; Grosfoguel, 2020). Como destaca Santos (2020) na citação anterior, enquanto a decolonialidade e o marxismo são teorias, a experiência de vida dos povos negros e indígenas "é um referencial histórico, é uma trajetória concreta" da luta contracolonial, para ser quem são, em sua própria cultura identitária. Santos (1999), ao analisar o socialismo como um projeto de transformação emancipatória, parece concordar que a construção deste perpassa o decolonial contra a colonialidade de raça, gênero, classe e ecologia.

> Mas, enquanto futuro, o socialismo não será nunca mais do que uma qualidade ausente. Isto é, será um princípio que regula a transformação emancipatória do que existe sem, contudo, nunca se transformar em algo existente. Dada a acumulação de riscos indocilizáveis e inseguráveis, da catástrofe nuclear à catástrofe ecológica, a transformação emancipatória será cada vez mais investida de negatividade. Sabemos melhor o que não queremos do que o que queremos. Nestas condições, a emancipação não é mais que um conjunto de lutas processuais sem fim definido. O que a distingue de outros conjuntos de lutas é sentido político da processualidade das lutas. Esse sentido é, para o campo social da emancipação, a ampliação e o aprofundamento das lutas democráticas em todos os espaços estruturais da prática social conforme estabelecido na nova teoria democrática acima abordada. O socialismo é a democracia, sem fim. Porque é uma qualidade ausente, o socialismo será tão adjetivado quanto for exigido pelas lutas democráticas. Neste momento, o socialismo será ecológico, feminista, antiprodutivista, pacifista e antirracista (Santos, 1999, p. 238).

Sem um fim definido, a luta emancipatória, cada vez mais consciente, terá como princípio contracolonizar as veias fechadas pela colonialidade para torná-las em veias abertas. O projeto emancipatório passa a mirar o horizonte de uma democracia sem fim, porque, se esse sistema-mundo foi afetado profundamente pelas experiências democráticas,

> virou um abismo, mas estamos dentro dele e não vamos sair. É uma questão que incomoda, mas é preciso estar nessa condição para poder produzir uma resposta em plena consciência. Consciência do corpo, da mente, consciência de ser o que se é e escolher ir além da experiência da sobrevivência (Krenak, 2020, p. 57).

E, ante o potencial do nosso povo contracolonizador de "compreender e até de conviver com a complexidade das questões que esses processos tem nos apresentado" (Santos, 2015, p. 97), é possível pensar a transformação da democracia liberal-colonial para uma democracia emancipatória, e da cidadania burguesa-colonial para uma cidadania emancipatória.

Conceitualmente, observam-se usos alternativos para o que neste livro, a partir de Santos (2015), chamamos de contracolonizar. Como já argumentamos anteriormente, a contracolonização para nós opera com o mesmo sentido de descolonização, decolonização ou de(s)colonização, pois observamos que diferentes intelectuais atualmente, ao utilizarem esses conceitos para referência da luta contra o colonial, estão mirando também a luta emancipatória. Porém, vale destacar que Walsh (2013, p. 24-25) aponta que a supressão do "s" busca superar um sentido de "um simples desmantelamento, desfazimento ou reversão do colonial". Através desse jogo linguístico, a autora procura

> mostrar que não há estado nulo de colonialidade, mas posturas, posicionamentos, horizontes e projetos de resistir, transgredir, intervir, emergir, criar e influenciar. O decolonial denota, então, um caminho de luta contínua em que "lugares" de exterioridade e construções alter-(n)ativas podem ser identificadas, visibilizadas e incentivadas (Walsh, 2013, p. 24-25, tradução nossa).

Já Maldonado-Torres (2020) destaca que o seu uso do conceito de descolonização está diretamente relacionado às lutas pela libertação dos movimentos que se opunham ao sistema de colonização. Além disso, o uso da decolonialidade trata-se de um

> conceito [que] oferece dois lembretes-chave: primeiro, mantém-se a colonização e suas várias dimensões claras no horizonte de luta; segundo, serve como uma constante lembrança de que a lógica e os legados do colonialismo podem continuar existindo mesmo depois do fim da colonização formal e da conquista da independência econômica e política (Maldonado-Torres, 2020, p. 28).

Assim, a utilização do conceito de decolonialidade se faz usual, como demonstração de consciência que, mesmo após as conquistas das independências, através da instalação de democracias formais, liberais e burguesas, a descolonização não alcançou seu objetivo e a decolonialidade é a continuidade dessa luta. Fanon (1961, p. 175) havia destacado anteriormente que, após a tomada do poder, os dirigentes negros das ex-colônias, que antes atuavam na organização da luta pela descolonização, passaram a se distanciar das massas e cada vez mais foram deixando-as desmobilizadas, e por isso as "massas começam a enfadar-se, a desviar-se, a desinteressar-se por essa nação que não lhes reserva nenhum lugar". Com isso, o autor quer mostrar que a relação de poder do colonialismo, no qual antes eram os brancos que colonizavam os negros, se reorganizou para os negros atuarem na própria colonização de outros negros. Por isso, decolonialidade deve ser compreendida como "uma luta que busca alcançar não uma diferente modernidade, mas alguma coisa maior do que a modernidade" (Maldonado-Torres, 2020, p. 36). Alguma coisa diferente, maior e melhor para todos.

Ciente das diferentes possibilidades, neste livro, ao fazer a opção por nomear a ação decolonial como contracolonizar, buscamos, deste modo, valorizar a experiência concreta de luta e resistência dos povos afropindorâmicos desde o início do processo de colonização da ladino-améfrica, em 1492, e com isso não fazemos um apagamento dessas lutas históricas (Santos, 2015).

Se é difícil precisar o que é emancipação, porque ela não é um fim em si mesma, mas um permanente processo de contracolonizar, pode-se observar algumas pistas no pensamento de intelectuais afropindorâmicos e de aliados. Fanon (2008), por exemplo, sugere que "queremos, nem mais, nem menos, criar periódicos ilustrados destinados especialmente aos negros, canções para crianças negras, até mesmo livros de história, pelo menos até a conclusão dos estudos" (Fanon, 2008, p. 132). Santos (2015) acredita que "um dos meios necessários para chegarmos a esse lugar é transformamos as nossas divergências em diversidades, e na diversidade atingirmos a confluência de todas as nossas experiências" (Santos, 2015, p. 91). Ainda para o autor, o processo de emancipação envolve uma relação integral do ser humano-mundo.

> Nesse sentido, ressaltamos a importância de biointeragirmos com todos os elementos do universo de forma integrada, a ponto de superarmos os processos expropriatórios do desenvolvimen-

> tismo colonizador e o caráter falacioso dos processos de sintetização e reciclagem do desenvolvimentismo (in)sustentável, pelo processo de reedição dos recursos naturais pela lógica da biointeração. Como vimos, a vida é mais simples do que parece, desde que as nossas condições de vivenciá-la não estejam movidas pelos sentimentos de manufaturamento e sintetização. Por isso, convidamos a nós mesmos e a todos aqueles que sempre nos atacaram a vivenciar conosco todos os nossos desejos, sonhos e possibilidades, materiais e imateriais, de emancipação humana na diversidade, com a nossa capacidade de universalizar a vida a partir do processo de escolhas (Santos, 2015, p. 100).

Na construção do projeto emancipatório, a ruptura com a barreira existente entre colonizadores e colonizados é necessária, pois, enquanto houver quem oprima, haverá também oprimidos, por isso o autor propõe "convidarmos a nós mesmos e a todos aqueles que sempre nos atacaram a vivenciar conosco", e seria a partir deste momento que iniciaria "a autêntica luta para criar a situação que nascerá da superação da velha, [o que] já se está lutando pelo ser mais" (Freire, 2019a, p. 47). O ser mais para Freire gira em torno dessa condição pedagógico-política dos homens, até então opressores e oprimidos, se ajuntarem para assumir um "processo de permanente libertação" (Freire, 2019a, p. 57). Segundo hooks, essa luta pela liberdade, pela emancipação, pela decolonialidade exige "de nós e dos nossos camaradas uma abertura da mente e do coração que nos permita encarar a realidade ao mesmo tempo em que, coletivamente, imaginamos esquemas para cruzar fronteiras, para transgredir" (Hooks, 2013, p. 273).

4. O CIDADÃO BURGUÊS DE DIREITO

Até a cidadania alcançar uma reviravolta com o advento da modernidade, sofreu, pois, influências dos povos hebraicos, gregos, romanos e do cristianismo (Pinsk, 2018). O conceito de cidadania é muito antigo e polissêmico e, ao ser criado na tradição da Grécia Antiga, esteve ancorado na noção de pertencimento à comunidade política (Bello, 2015). Na modernidade, a noção de cidadania ganha uma nova roupagem com as revoluções burguesas[6], cuja axiologia ainda persiste na sociedade contemporânea. A Revolução Inglesa da burguesia no século XVII influenciou a burguesia de outros territórios e também de outras classes sociais a lutarem por estados nacionais que garantissem o *status* de cidadão de direitos a todos. Surgiram, então, posteriormente, movimentos nos EUA, os quais culminaram na Revolução Americana burguesa, e movimentos na França, que culminaram na Revolução Francesa burguesa. É a partir dessa correlação de lutas que o conceito moderno de cidadão de direito foi copiado em outros territórios do ocidente, como, por exemplo, no Brasil, em 1824 com a promulgação de nossa primeira Constituição (Mondaini, 2018).

A sociedade feudal da Europa centro-ocidental enfrentou forte crise geral durante os séculos XIV e XV. Foi a partir dessa crise que se iniciou o processo de transição para o capitalismo, de forma mais acelerada na Inglaterra e França e de modo gradual em outras partes do continente.

A transição do feudalismo para o capitalismo, de acordo com Giddens (2017), seria a instalação de

---

[6] Neste estudo iremos abordar brevemente apenas a construção da matriz de cidadania moderna na Revolução Inglesa burguesa, pois é possível dizer que na Inglaterra surge aquilo que será denominado de cidadão moderno. Não temos como objetivo chegar a um debate exaustivo sobre esse tema. Assim, tenho ciência das possíveis limitações da abordagem do tema em questão desenvolvida aqui.

> um sistema de produção de mercadorias, centrado sobre a relação entre a propriedade privada do capital e o trabalho assalariado sem posse de propriedade, esta relação formando o eixo principal de um sistema de classes. (Giddens *apud* Paula; Nogueira, 2017, p. 190)

O sistema capitalista também terá como característica a dependência da produção para mercados competitivos e o estabelecimento da precificação como indicativo para atrair investidores, produtores e consumidores. Assim, os capitalistas

> tendem a transformar tudo o que os cerca em objetos de seu domínio. A terra, os bens, a produção, a criação de homens, os homens mesmos, o tempo em que estão os homens, tudo se reduz a objeto de seu comando. Nesta ânsia irrefreada de posse, desenvolvem em si a convicção de que lhes é possível transformar tudo a seu poder de compra. Daí a sua concepção estritamente materialista da existência. O dinheiro é a medida de todas as coisas. E o lucro, seu objetivo principal. Por isto é que, para os opressores, o que vale é ter mais e cada vez mais, à custa, inclusive, do ter menos ou do nada ter dos oprimidos. Ser, para eles, é ter e ter como classe que tem (Freire, 2019a, p. 63).

Na lógica capitalista, o ócio deve ser extinto, pois o que não se é produtivo, consequentemente, não tem valor econômico (Krenak, 2020). A terra já não era tida só para geração de subsistência às pessoas, passou também a ser especulada na obtenção de vantajosos lucros. Se antes a terra era vista como instrumento de ócio e herança, no regime econômico capitalista ela se torna meio de troca assumindo a condição de mercadoria. Inaugura-se, deste modo, o lado nocivo da sociedade ocidental: o lucro como referência da vida, código moral do capitalismo. O principal sujeito a promover essa transição é o agricultor capitalista (a *gentry*), responsável por tornar a burguesia classe social no cenário histórico da modernidade (Mondaini, 2018).

Em seu estágio inicial de desenvolvimento o capitalismo viu nas colónias uma fonte de matérias-primas que, manufacturadas, podiam ser vendidas no mercado europeu. Depois de uma fase de acumulação de capital, modifica agora a sua concepção da rentabilidade de um negócio. As colónias converteram-se num mercado (Fanon, 1961, p. 63).

Na Inglaterra, a burguesia inglesa percebeu que, para se eliminar de vez o sistema feudal e, consequentemente, "as forças modernizadoras do modo de produção capitalista desabrochassem por completo, livres de qualquer entrave, faltava algo a mais, e esse algo a mais chamava-se revolução" (Mondaini, 2018, p. 119). A burguesia inglesa compreendeu que era necessário deixar um papel passivo frente ao Estado Monárquico para promover uma revolução política. Só assim se abriria espaço para uma futura revolução industrial.

Para compreender como se deu o processo revolucionário que culminou com a construção do Estado Liberal Inglês durante o século XVII, é preciso ter em vista que, apesar de o Estado ainda concentrar poderes nas mãos de um príncipe perpétuo, hereditário e de direito divino, uma nova classe social, os burgueses, se fortaleceu no interior do Estado Monárquico Absolutista e, também, diante das crises gerais, teorias que justificavam o poder dos reis como um Direito Divino se enfraqueceram e passaram a ser constantemente questionadas.

Na intenção de propor uma nova teoria para justificar o Estado Monárquico, Thomas Hobbes (1588-1679) escreveu em 1651 o Estado Leviatã, tornando-se esta uma teoria crítica frente à Igreja e à sua ideologia. Para Hobbes, os homens, ao viverem em um estado de natureza, tinham suas vidas recorrentemente ameaçadas uns pelos outros e, então, decidiram firmar um pacto para garantir a sobrevivência e abriram mão da individualidade para que o Estado Leviatã pudesse protegê-los. Assim, o Estado Absolutista, Estado em que o poder é centrado na figura do rei, em Hobbes

> passa a ser visualizado como resultado do estabelecimento de um "contrato social" entre indivíduos que vivem até então em "estado de natureza" e que, por determinadas razões, decidiram abandoná-lo em prol da entrada em um corpo social e político (Mondaini, 2018, p. 128).

Se por um lado Hobbes deixa explícito seu pensamento absolutista ao defender o caráter estamentário da sociedade inglesa, por outro trouxe uma "importante" e inovadora contribuição, na visão eurocêntrica, é claro, que foi apontar um pacto racional entre os indivíduos para a construção do Estado Monárquico. Em outras palavras, "Não obstante o seu caráter absolutista, o pensamento hobbesiano já aponta para uma percepção moderna da relação Estado/indivíduo, pois situa o primeiro como fruto da vontade racional dos segundos" (Mondaini, 2018, p. 129). Com isso, no Leviatã de Hobbes foi possível separar o regime político de uma teoria da predestinação e estabelecer uma instituição em prol da "universalidade humana", na perspectiva eurocêntrica.

Também, Hobbes, ao propor o contrato social para justificar a monarquia, abriu caminho para o desenvolvimento da teoria liberal e sua defesa assídua dos direitos civis.

> Com isso, o terreno estava limpo para afirmação de uma nova concepção, que não apenas indicasse no indivíduo o início de tudo, mas que também pudesse no indivíduo a prevalência das relações pós-contratuais, protegendo-o das próprias ações despóticas do Estado. Estavam abertas as portas para a ofensiva de uma tradição que pautasse pela defesa da liberdade do indivíduo, limitando politicamente os poderes estatais. Chegava a hora do liberalismo e sua defesa implacável dos direitos civis. A palavra estava a partir de então com o filósofo John Locke. Se para Hobbes o poder é absoluto, indivisível e irresistível, para Locke, ao contrário, é limitado, divisível e resistível. Foi precisamente na ultrapassagem dessa fronteira que se constituíram os primeiros passos daquilo que chamamos comumente hoje de "direitos humanos". Uma fronteira ultrapassada exatamente em meio ao revolucionário século XVII inglês. Uma fronteira que, ultrapassada, nos abriu a possibilidade histórica de um Estado de direito, um Estado dos cidadãos, regido não mais por um poder absoluto, mas sim por uma Carta de Direitos, um *Bill of Rights.* Uma nova era descortinava-se, então, para a humanidade – uma Era dos Direitos (Mondaini, 2018, p. 129).

John Locke sustentará o liberalismo como uma filosofia pautada na defesa da liberdade dos indivíduos e dos direitos civis, e na limitação dos poderes do Estado. De acordo com Tonet (2016, p. 63), a "perspectiva liberal parte da ideia de que o indivíduo precede ontologicamente a sociedade e de que a natureza essencial desse indivíduo é egoísta, competitiva". Os liberais foram oposição aos conservadores da época, os quais eram defensores do regime absolutista. E, ao se comparar o conceito de poder para Hobbes e Locke, é possível notar essa oposição. Em Hobbes "o poder é absoluto, indivisível e irresistível, para Locke, ao contrário, é limitado, divisível e resistível" (Mondaini, 2018, p. 129).

É na transição do Estado Monárquico para o Estado Liberal que irá constituir-se o que na sociedade contemporânea compreende-se como "direitos humanos". Locke irá propor a Carta de Direitos/Declaração de Direitos (*Bill of Rights*) para se estabelecer um pacto de consentimento voltado à garantia da paz, da harmonia social e dos direitos naturais (vida, liberdade e bens). De acordo com Lima (2016), a Declaração Inglesa de Direitos foi promulgada em um período de guerras e forte intolerância religiosa entre católicos e protestantes. Por isso, Locke também propõe um pacto para manutenção da paz e harmonia social. O contrato liberal cunhado por Locke — que inicialmente previa direitos exclusivos à burguesia inglesa — é um dos grandes responsáveis para a compreensão moderna de cidadão de direito e Estado de direito (Mondaini, 2018). O poder que será atribuído aos cidadãos burgueses na proposição do Estado Liberal tem claramente a função de fazer leis que regulem e preservem a propriedade privada, compreendida como essencial ao "bem comum".

O liberalismo irá atuar como uma ideologia no processo de implementação do capitalismo na sociedade inglesa do século XVII pregando a liberdade dos cidadãos, que eram os burgueses, para gerirem a propriedade privada, que, para Locke, pode ser compreendida como a vida, a liberdade e os bens. No liberalismo o poder do Estado precisa ser dividido, isto é,

> não há melhor fórmula para alcançar a limitação de um poder que a sua divisão. Em Locke, tal divisão dar-se-á entre "poder legislativo" (o poder supremo), "poder executivo" e "poder federativo", três poderes orientados pelo "princípio da maioria", no "respeito às minorias" (Mondaini, 2018, p. 130).

Esses poderes passam a ser legítimos para a preservação da propriedade privada, havendo uma mistura de democracia com monarquia na construção do Estado Liberal Inglês, que continuará tendo a presença de um rei, mas quem passará a ditar as regras é a burguesia, chamada de classe "revolucionária". Assim, a "cidadania conquistada com a Revolução Inglesa foi de cunho liberal, ou seja, uma cidadania excludente, que beneficiava apenas os vencedores da própria Revolução" (Lima, 2016, p. 101).

Para Petry (2018), ao se fazer uma análise histórica do liberalismo a partir de John Dewey (1859-1952), verifica-se que o liberalismo inicialmente pregou uma organização democrática com ênfase no individualismo e na proteção das liberdades. Porém, na medida em que se desenvolveu, eliminou a possibilidade de os indivíduos se reconhecerem em uma comunidade. Dewey fez críticas à divisão de classes e à divisão do trabalho na cultura capitalista/liberal, sendo estas, para o autor, barreiras que restringiram determinados grupos sociais na participação política. Assim, o liberalismo, ao mesmo tempo que pregou a liberdade frente ao Estado; por outro lado, legitimou a opressão de populações inteiras, que continuaram excluídas, como as pessoas negras e indígenas. Isso explica, por exemplo, o apoio aberto dos liberais – defensores de liberdade – ao escravismo e ao ataque mortal aos indígenas, intensificados na colonização das Améfricas e África.

Franco (2014) destaca que o liberalismo, apesar de surgir com uma visão de mundo revolucionária, nunca deixou de ter relação intrínseca com o capitalismo, se confirmando na atualidade como pensamento hegemônico através de sua vertente neoliberal.

> Em outras palavras, é possível admitir que a história do capitalismo no mundo se confunde com o próprio liberalismo. Ainda que em seu passado tenha se apresentado como uma visão de mundo profundamente revolucionária, podemos afirmar que, no presente, é tão somente uma ideologia voltada para manter a qualquer custo o lucro máximo e sustentar as relações sociais de produção baseadas na exploração e no individualismo e na maximização da racionalidade a qualquer custo (Franco, 2014, p. 26).

Segundo Mondaini (2018), se em Locke houve a contradição da defesa de um individualismo possessivo apegado à propriedade privada e ao mesmo tempo gerador da exclusão dos que não têm posses[7], a cidadania liberal, após a Revolução Inglesa, saiu de um *status* excludente — por ser restrita aos burgueses (proprietários de terras) — e excludente com as demais classes sociais para se tornar uma reivindicação universal, a partir de uma superação dialética em que outras classes sociais se organizaram para lutar pela cidadania de direito e serem protegidas pelo Estado, como também para que tivessem o direito de participar politicamente de seu aperfeiçoamento. Outra contribuição "importante", na perspectiva eurocêntrica, do contrato social proposto por Locke para a cidadania moderna é a defesa da tolerância, que, inicialmente, esteve muito preocupada com os conflitos religiosos, mas que irá contribuir também para a luta pela afirmação de identidades, isto é, para o reconhecimento da igualdade de direitos alinhado ao respeito às diferenças. Assim, observa-se um segundo momento de transição do capitalismo nos países centrais, que foi

> pela passagem da cidadania cívica e política para o que foi designado por "cidadania social", isto é, a conquista de significativos direitos sociais, no domínio das relações de trabalho, da segurança social, da saúde, da educação e da habitação por parte das classes trabalhadoras das sociedades centrais e, de um modo muito menos característico e intenso, por parte de alguns sectores das classes trabalhadoras em alguns países periféricos e semiperiféricos (Santos, 1999, p. 210).

Como destaca Santos (1999), a intensidade da garantia de direitos para a população dos países periféricos será muito inferior se comparada aos países metropolitanos. A expansão do legado da cidadania moderna para grupos minoritários como negros, indígenas, pobres, mulheres e crianças continuará como não realizável no Estado e na democracia da sociedade contemporânea, pois, mesmo estando sob o regime do chamado Estado Democrático de Direito, as forças capitalistas-coloniais, ao se colocarem contra nós, povos afropindorâmicos,

[7] "A cidadania liberal foi, pois, uma cidadania excludente, diferenciadora de 'cidadãos ativos' e 'cidadãos passivos', 'cidadãos com posses' e 'cidadãos sem posses'. A cidadania liberal, no entanto, foi um primeiro – e grande – passo para romper coma figura do súdito que tinha apenas e tão somente deveres a prestar" (Mondaini, 2018, p. 131).

> não apenas queimam, mas também inundam, implodem, trituram, soterram, reviram com suas máquinas de terraplanagem tudo aquilo que é fundamental para a existência das nossas comunidades, ou seja, os nossos territórios e todos os símbolos e significações dos nossos modos de vida (Santos, 2015, p. 76).

Como contraponto à concepção liberal de cidadania, em que esta não se assegura plenamente a todos os seres humanos, passemos então à discussão da abordagem decolonial-emancipatória do conceito de cidadania moderna.

5. CRÍTICA À CIDADANIA MODERNA

Conforme os estudos decoloniais-emancipatórios, para compreender a cidadania dos tempos atuais, precisa-se problematizar a ideia polissêmica de modernidade, pois, é na modernidade que a cidadania será articulada com ideia de progresso, tramando que um "país civilizado, evoluído, vai ter que incorporar direitos políticos e transformar sua população em membros de uma sociedade civil, cidadãos" (Borges, 2017, p. 101).

A modernidade pode ser analisada numa perspectiva interna, por isso, intramodernidade, como também explicada sob a ótica das epistemologias do Sul (Santos; Meneses, 2009). Como já discutido no capítulo 2, na perspectiva eurocêntrica a modernidade é tida como sinônimo de avanço, progresso, inovação e sofisticação. Isso gera consequentemente a comparação hierárquica e discriminatória entre quem são os avançados que progrediram e quem são os atrasados e que não progrediram (Krenak, 2020; Santos, 2015). De acordo com Quijano (2005, p. 124), "seja o que for a mentira contida no termo 'modernidade', hoje envolve o conjunto da população mundial e toda sua história dos últimos 500 anos, e todos os mundos ou ex-mundos articulados no padrão global de poder". A modernidade, enquanto projeto de civilização eurocêntrica, se autoproclama como projeto mais avançado que a cultura e o modo de viver dos povos afropindorâmicos, ao mesmo tempo que não tem nenhuma intenção de desenvolver os territórios periféricos, mas apenas deixá-los dependentes das sociedades metropolitanas, sendo cada vez mais claro que as promessas da modernidade não cumpriram e não se cumprirão para os povos do Sul global (Fanon, 1961; Freire, 2019a; Krenak, 2020; Maldonado-Torres, 2020; Santos, 1999).

A referência de cidadania, democracia, Estado e direito que se adota mundo afora tem como estrutura a matriz eurocêntrica moderna, o que ainda é uma "persistência da colonialidade constitutiva da nossa sociedade" (Borges, 2017, p. 71). Para a Améfrica Ladina, a transposição dessas estruturas normativas traz implicações severas aos povos que compõe esse território, sobretudo os indígenas e os negros. A linha abissal que divide a civilização do planeta em Europa e não Europa, ou melhor, no europeu e no Outro, faz com que a utilização meramente formal dos critérios de cidadania e democracia eurocêntricos usados no constitucionalismo da Améfrica Ladina — como na Constituição do Brasil — oculte "as desigualdades e os mecanismos que nos fazem permanecer à margem, impossibilitando identificar uma forma de governabilidade própria e de emancipação real dos indivíduos historicamente marginalizados" (Borges, 2017, p. 102). Por isso, não se pode afirmar que se consolidou o projeto de cidadania moderna em um país extremamente desigual e com alto nível de discriminação racial como no Brasil, onde 54% da população é autodeclarada negra[8] e o povo negro é historicamente excluído do pleno acesso aos direitos de cidadania[9] (Carneiro, 2005). O constitucionalismo ladino-amefricano continua a ser constitucionalismo, por isso "um fenômeno originado na Modernidade europeia e transplantado para a América Latina, hoje e outrora, através de uma dinâmica de colonialidade do poder e do saber" (Bello, 2015, p. 59). E, mesmo que se modifique o conteúdo da matéria constitucional, valorizando e resgatando conhecimentos ancestrais dos povos autóctones e aborígenes, haverá sempre um condicionante de poder da matriz hegemônica.

Numa visão crítica ao capitalismo, que conforme Quijano (2005) foi desde o começo colonial, moderno e eurocentrado, é possível perceber que a proposição do uso de instrumentos constitucionais e de democracia formal servem para encobrir os conflitos existentes nas sociedades historicamente colonizadas, servindo também

> para a manutenção da "constituição econômica", coração axioló-

---

[8] Para mais informações, acesse: https://jornal.usp.br/radio-usp/dados-do-ibge-mostram-que-54-da-populacao-brasileira-e-negra/. Acesso em: 11 jan. 2021

[9] Cabe destacar a luta da Coalização Negra por Direitos, que reivindica a cidadania plena para a população negra e demais povos marginalizados dentro do Estado Democrático de Direito. Dentre estes direitos, consta-se a erradicação do racismo e o direito à creches para crianças e mães trabalhadoras. Para mais informações ver: https://coalizaonegrapordireitos.org.br/. Acesso em: 19 fev. 2022.

> gico-normativo que legitima o mesmo sistema produtivo forjado no bojo da Modernidade europeia e difundido mundo afora por meio de processos de colonização (Bello, 2015, p. 60).

Desta feita, o sistema capitalista fomenta o uso do aparato normativo, jurídico, democrático e de garantia de direito universal (cidadania) na Améfrica Ladina, para manter a reprodução de sua perversa engrenagem de opressão e de dominação.

O projeto de modernidade eurocêntrica se transformará na sociedade contemporânea no que Quijano (2005, p. 123) define como "padrão de poder mundial", no qual todos os âmbitos da vida social estão articulados entre si, formando estruturas com relações sistemáticas, em que cada estrutura é gerida sob hegemonia de uma instituição intencionalmente produzida pelo padrão de poder, que:

> no controle do trabalho, de seus recursos e de seus produtos, está a empresa capitalista; no controle do sexo, de seus recursos e produtos, a família burguesa; no controle da autoridade, seus recursos e produtos, o Estado-nação; no controle da intersubjetividade, o eurocentrismo (Quijano, 2005, p. 123).

E é na relação de interdependência que existe entre estas instituições que se configura o padrão de poder mundial que atinge toda a população planetária.

A cidadania erguida no coração da modernidade tem outra face, a colonial. Isso porque, para os povos não europeus, a cidadania e a democracia não efetivaram os mecanismos de inclusão e participação que prometeram; pelo contrário, atuaram e atuam para evitar e bloquear uma efetiva participação popular em termos de representação equalitária em raça, gênero, classe social, em seus aperfeiçoamentos (Akotirene, 2018; Crenshaw, 2012; Gonzalez, 2020; Hooks, 2013; Santos, 1999). O cidadão moderno criado pela modernidade pode ser caracterizado a partir da obra de Marshall[10] "Cidadania, classe social e status" de 1950, da seguinte forma:

[10] Este autor inglês é um dos primeiros estudiosos a tratar do tema da cidadania no mundo ocidental.

> sujeito racional e abstrato considerado titular de direitos humanos, que recebe as cores vivas de um padrão de homem do gênero masculino, branco, proprietário, católico, heterossexual e chefe de família (patriarca) (Bello, 2015, p. 55).

É possível comparar esse perfil de cidadão com o perfil dos deputados federais eleitos nas eleições presidenciais de 2018 no Brasil. Conforme a reportagem do G1[11], o perfil médio dos eleitos é: homem, da raça branca, com curso superior, casado e com 49 anos. Ainda conforme a reportagem, dos 513 deputados eleitos, 47% possuem fortunas na casa dos milhões de reais. Essa situação ocorre no Brasil (o maior país negro fora da África) e em outros país ladino-amefricanos, pois, quando se transpôs para a Améfrica Ladina a cidadania e a democracia de matriz europeia, ignorou-se a colonização existente no território, ou seja, nunca se teve como propósito democratizar o poder e a riqueza na ladino-américa ou tornar seu povo originário cidadão de direitos, mas sim utilizar dos instrumentos burocráticos do poder estatal como a democracia e a cidadania para a manutenção da exploração dos povos colonizados. Nunca houve por parte do europeu o interesse em denunciar a colonização dos indígenas e negros, isso seria questionar o seu próprio projeto de desenvolvimento civilizatório (Borges, 2017; Krenak, 2020; Santos, 2015).

Tonet (2016) chama atenção para o fato de a cidadania liberal desenvolvida por teóricos como Hobbes, Locke, Kant e Rousseau ter como princípio a igualdade e a liberdade naturais existentes entre os homens. Essa visão natural das relações será usada também pelo liberalismo e iluminismo, no que diz respeito ao capitalismo e à cidadania de direitos, respectivamente, para justificar as desigualdades entre os povos como algo da natureza humana. Se o movimento iluminista pregava a igualdade, liberdade e fraternidade entre os homens, essas condições só existiam entre os homens brancos, casados e detentores de posse, os cidadãos em Marshall. Uma das críticas ao iluminismo é o

---

[11] Para mais informações, acesse: https://g1.globo.com/politica/eleicoes/2018/eleicao-em-numeros/noticia/2018/10/21/perfil-medio-do-deputado-federal-eleito-e-homem-branco-casado-e-com-ensino-superior.ghtml. Acesso em: 12 jan. 2021.

> emprego do "homem" como supostamente universal denunciando seu caráter particularizado, marcado pelo gênero masculino e pela raça branca. [...] A revolução Francesa, principal movimento político ligado ao iluminismo, pôs o lema "igualdade, liberdade e fraternidade", como fundamento filosófico dos direitos humanos. Paradoxalmente, o movimento pela igualdade humana gerou desigualdades profundas (Heilborn; Araújo; Barreto, 2010a, p. 15).

Mulheres, crianças, negros, indígenas e demais povos não europeus não faziam parte dessa condição de igualdade. Consequentemente, assim não eram também reconhecidos pelo Estado Liberal como cidadãos de direitos.

Almeida (2020) destaca que a vitória da civilização durante a modernidade, entre os séculos XVI e XVIII só foi possível a partir das revoluções burguesas inglesa, americana e francesa, pois é com o movimento revolucionário desencadeado no Norte que o mundo entrou em um processo de reorganização para a estruturação do capitalismo e a construção do Estado, dos direitos universais e da cidadania. Porém, posteriormente, os princípios de igualdade, fraternidade e liberdade foram completamente rasgados quando os europeus não reconheceram a primeira revolução negra da história, no Haiti. É nesse sentido que Fanon (1961) afirma que

> Em 1789, após a revolução burguesa, os pequenos agricultores franceses beneficiaram substancialmente dessa transformação. Mas é inútil comprovar e afirmar que na maioria dos casos, para 95 por cento da população dos países subdesenvolvidos, a independência não conduz a uma transformação imediata (Fanon, 1961, p. 73).

Com a Revolução Haitiana (1791-1804) — que culminou com a libertação dos escravizados, a independência e a primeira república governada por descendentes africanos —, o projeto liberal-iluminista deixa bem claro que a civilização não é para que seja compartilhada com todos os povos, pois os

> mesmos que aplaudiram a Revolução Francesa viram a Revolução Haitiana com desconfiança e medo, e impuseram toda sorte de

> obstáculos à ilha caribenha, que até os dias de hoje paga o preço pela liberdade que ousou reivindicar (Almeida, 2020, p. 27-28).

Com a Revolução Haitiana também reforçou-se ainda mais que, qualquer um que quiser ocupar o Estado e corajosamente enfrentar a colonialidade do poder, do saber e do ser, pode até tentar ampliar as condições de civilização e cidadania, mas isso até o padrão de poder mundial reorganizar suas forças por meio das instituições políticas, jurídicas, policiais e militares do "estado burocrático de direito" e devolver o controle aos colonizadores-capitalistas (Lewis, 2019). As classes dominantes aceitarem alguns avanços e conquistas por parte dos subalternos significa tão somente "entregar os anéis para não perder os dedos", ou seja, significa fazer concessão para não perder a dominação.

A partir de estudos primários de Marx, Tonet (2016) e Santos (2016) apresentam uma leitura marxiana sobre a cidadania bem distinta da concepção liberal e do ideário de cidadania da esquerda democrática do Brasil, que defende a cidadania e democracia radicalizada ou para todos. Conforme os autores, a questão decisiva para uma terceira perspectiva sobre a cidadania é o seu ponto de partida e, nesse sentido, é preciso duvidar de qualquer proposição imediatista e voluntarista, para não intensificar ainda mais a sociabilidade burguesa em vez de superá-la (Tonet, 2016; Santos, 2016).

Para Santos (2016), a cidadania é parte de uma comunidade política onde todos se tratam como iguais, e essa comunidade política só existe "tendo como fundamento uma desigualdade material. É nessa relação dialética igualdade/desigualdade em que radica o próprio Estado" (Santos, 2016, p. 15). Para compreender isso, basta olhar para o início da cidadania moderna durante a Revolução Inglesa burguesa, que culminará com o perfil de cidadão proposto por Marshall de homem branco, casado, heterossexual, católico e detentor de posses. Esse cidadão, matriz do europeu colonizador/dominador, só existe em uma comunidade de iguais porque ele se diferencia das mulheres de sua mesma raça, assim como dos demais povos que passou a colonizar/encobrir com a modernidade. Nas palavras de Borges (2017), como

> a cidadania liberal é um dos sustentáculos do Estado moderno, a pressuposta igualdade formal entre os indivíduos cumpre inte-

> resses do mercado e dos interesses burgueses, pois é esse mesmo discurso que legitimará a existência do Estado capitalista (Borges, 2017, p. 70).

A igualdade formal na modernidade visou superar a desigualdade legalmente constituída na sociedade medieval. No entanto, o projeto burguês não garantiu e ainda não garante a igualdade real entre todos os cidadãos, mesmo que em termos legais se aponte uma liberdade para ser, agir, pensar, manifestar e se organizar.

Ao se ter em vista a necessidade de superação da sociedade capitalista-colonial com uma revolução social para que todos e todas, de diferentes raças e gêneros, possam ser respeitados e compreendidos como seres humanos, essa revolução só seria possível ultrapassando os limites da emancipação política, compreendida pela cidadania e democracia, e provocando-se, assim, a sua dissolução e a dissolução "da contradição peculiar à sociedade burguesa, entre o indivíduo particular e sua condição humano-genérica" (Santos, 2016, p. 18-19). Somente findando a sociabilidade do capital, que também representaria o fim dos limites da cidadania e não sua radicalização, como propõe a esquerda democrática, seria possível de se alcançar uma efetiva emancipação humana.

Ao lançar mão da emancipação humana, homens e mulheres estariam abrindo mão do egoísmo e individualismo de serem (ou quando conseguem ser) cidadãos no Estado capitalista-colonial e reivindicando a supressão deste enquanto condição de alienação. Para Tonet (2016, p. 66), em síntese, "a essência da emancipação humana está no domínio consciente e coletivo dos homens sobre o seu processo de autoconstrução, sobre o conjunto do processo histórico". Já Noguera (2018) aponta que o filósofo camaronês Mbembe apresenta outra proposta de saída emancipatória frente aos desafios da civilização planetária:

> que a população negra mundial, assim como os povos indígenas, abandone o estatuto da vítima (o que não podemos confundir com vitimização) e a população branca deixe de negar os privilégios e a responsabilidade histórica (Noguera, 2018, s/p).

Tonet (2016) defende a tese de que a emancipação política (cidadania e democracia) trouxe avanços em relação à liberdade em comparação com a sociedade feudal, mas, por também fazer parte do projeto moderno que culminou no padrão de poder mundial, não deixa de ser uma liberdade essencialmente limitada, parcial e alienada. Por mais plena que seja a emancipação política seria necessário ir além da noção genérica e abstrata de cidadania,

> ela jamais pode desbordar o perímetro da sociabilidade regida pelo capital. Isto é muito claramente expresso pelo fato de que o indivíduo pode, perfeitamente, ser cidadão sem deixar de ser trabalhador assalariado, ou seja, sem deixar de ser explorado (Tonet, 2016, p. 64-65).

Segundo Santos (1999), a horizontalidade de vivências em comunidade só se tornou possível na medida em que se submeteu à hierarquia entre cidadão e Estado. Os direitos sociais são um grande exemplo disso, pois, ao integrar a classe trabalhadora no Estado capitalista, isso representou "o aprofundamento da regulação em detrimento da emancipação", contribuindo para que o capitalismo se tornasse mais hegemônico do que nunca (Santos, 1999). É neste sentido que parece que a

> segurança da existência quotidiana propiciada pelos direitos sociais tornou possíveis vivências de autonomia e de liberdade, de promoção educacional e de programação das trajetórias familiares que até então tinham estado vedadas às classes trabalhadoras. Mas, por outro lado, os direitos sociais e as instituições estatais a que eles deram azo foram partes integrantes de um desenvolvimento societal que aumentou o peso burocrático e a vigilância controladora sobre os indivíduos; sujeitou estes mais do que nunca às rotinas da produção e do consumo: criou um espaço urbano desagregador e atomizante, destruidor das solidariedades das redes sociais de interconhecimento e de entreajuda; promoveu uma cultura mediática e uma indústria de tempos livres que transformou o lazer num gozo programado, passivo e heterônomo, muito semelhante ao trabalho (Santos, 1999, p. 211-212).

No contexto brasileiro, ao analisar a situação do povo negro na sociedade brasileira, Gomes (2017) aponta ser muito lento o processo de emancipação política dos negros, e, mesmo sem esse processo estar plenamente efetivado, observa-se que a relação com o capitalismo tende a inserir os cidadãos negros de classe média na esfera do consumo, o que encobre e agrava ainda mais a situação da população negra no país. Se de um lado os meios hegemônicos exaltam haver uma classe média negra e branca consumidora, por outro ainda persiste um imenso "desemprego que assola a maioria da população brasileira dentro da qual os negros (pretos e pardos) encontram-se no pior lugar" (Gomes, 2017, p. 113). Essa imensa parcela da população negra desempregada vive em um nível de pobreza onde nem sequer usufrui dos direitos básicos de cidadania e nem se torna público consumidor.

Santos (2016) argumenta que, ao analisar criticamente a ideia de cidadania e apontar sua superação em conjunto com a superação do capitalismo, não se está desconsiderando as possibilidades estratégicas da cidadania e da luta por direitos. Contudo fica o alerta de que a composição axiológica da cidadania só é possível em uma sociedade que separa "o indivíduo e o gênero humano, onde a humanidade, alienada do livre controle da sua atividade vital, o trabalho, só pode se realizar a partir de uma dupla existência" (Santos, 2016, p. 21). O cidadão só existe porque o capitalismo o reconhece como indivíduo "egoísta, manifestando seus interesses particulares, e como membro da comunidade política, tendo o Estado como seu fiador" (Santos, 2016, p. 21).

Então, como sair dessa encruzilhada da cidadania e do Estado Liberal? Como encarar a realidade de um país como o Brasil em que todas as pessoas que nasceram após 1988[12] foram e são educadas para os princípios de uma Constituição Cidadã que nos seus artigos basilares

---

[12] Segundo Bello (2015, p. 55), se a obra de Marshall de 1950 foi referência central para as discussões sobre a cidadania nos séculos posteriores, a partir da década de 1980 muito se avançou em "relação à concepção marshalliana de perfil democrático-liberal, até então canônica, que se limitava a conceber o cidadão como um sujeito individual e titular de direitos a serem pleiteados perante o Estado (capitalista)". As contribuições vindas do campo da filosofia e da sociologia subsidiaram uma visão sobre a cidadania para além dos direitos e englobando também as ideias de reconhecimento-pertencimento e participação na esfera pública.

consta o ideário de direitos para todos e de participação na democracia? Para o alcance da emancipação humana de todas e todos, por onde começar? Neste momento de nossa análise decolonial-emancipatória da cidadania, talvez estas sejam algumas das questões que emergem das nossas reflexões. Sem nenhuma pretensão de esgotar as possibilidades reflexivas e analíticas, cabe apontar algumas saídas possíveis.

De acordo com Borges (2017), mesmo que pareça corriqueiro, abandonar os sentidos originais da emancipação política e repensar o conceito político das categorias cidadania e democracia é fundamental. Para a autora, a superação da ideia de cidadania e democracia para além da dimensão institucional e formal, é um exercício que exige ir além do burocrático e assumir um movimento em prol de algo que há de vir e não ficar refém de uma ordem social e institucional já estabelecida. No âmbito do Estado, a autora propõe uma governabilidade de(s)colonizadora para reconstruir as instituições de modo "que não continuem a reproduzir processos de exclusão e alienação" (Borges, 2017, p. 105). Só assim seria possível mudar a realidade de não cidadania dos oprimidos-periféricos e de cidadania apenas para a classe dominante branca no Brasil, que ainda é ausente/presente, respectivamente, diante dos mecanismos de dominação do projeto moderno-capitalista-colonizador-eurocêntrico.

Na mesma direção e com algumas inovações, Gomes (2017) aponta que o caminho para a emancipação do povo negro e demais povos oprimidos-periféricos está nas lutas sociais pela reinvenção da cidadania, democracia e do Estado. A autora propõe uma metodologia do diálogo intercultural para que os movimentos sociais caminhem unidos e não sectarizem as lutas políticas, e assim passem a "construir um projeto normativo que em todo e qualquer contexto identifica e restabelece as várias interfaces entre o específico e o geral, de forma contínua" (Gomes, 2017, p. 129). Esse projeto normativo, conforme a autora, deve manter as fronteiras espaciais e mentais

> abertas para a entrada e a saída, desconfiando sempre de qualquer versão de pretensão de verdade enquanto fundamento para o extremismo e a violência política (nível político). Só assim as subjetividades emancipatórias, dinâmicas, rebeldes e desestabilizadoras emergirão de forma radical (Gomes, 2017, p. 129).

E é na dialética entre essas subjetividades e suas veias abertas que emergirão novos rumos para radicalizar, de(s)colonizar e reinventar as democracias, as esquerdas, o saber, o ser e o Estado.

O movimento de radicalização, de(s)colonização e reinvenção dos mecanismos mediadores, conforme Quijano (2005), deve ocorrer na maioria dos países ladino-amefricanos e simultaneamente numa máxima redistribuição radical do poder. É por isso que democracia e cidadania não podem

> sobreviver silenciando, negando ou deslegitimando suas fraturas, suas contradições, suas irracionalidades, como se elas não existissem, como se fossem um produto do passado sem qualquer resquício ou respingo no presente (Danner; Dorrico; Danner, 2020, p. 72).

Para Tonet (2016), uma concepção crítica sobre a cidadania não pode implicar em sua desqualificação ou desconsideração. É preciso conhecer as origens da cidadania para melhor ter em vista suas possibilidades positivas e seus limites intrínsecos à autoconstrução da humanidade. O autor propõe utilizar estrategicamente a cidadania como uma mediação junto de outras ferramentas políticas e emancipatórias, mas jamais compreendê-la como o fim melhor para a humanidade. A emancipação humana seria um fim possível e superior à vida humana conforme conhecemos até hoje. Este seria um processo através do qual todas e todos nós devemos incansavelmente lutar e contribuir com a construção.

Entre as possibilidades de radicalização da democracia, do Estado e da luta pela emancipação é que se propõe pensar em cidadania emancipatória, com a junção das lutas radicais, que partem da reinvenção de onde estamos (emancipação política), em busca de algo ainda maior (emancipação humana). A cidadania emancipatória

> tanto se constitui na obrigação política vertical entre os cidadãos e o Estado, como na obrigação política horizontal entre cidadãos. Com isto, revaloriza-se o princípio da comunidade e, com ele, a ideia da igualdade sem mesmidade, a ideia de autonomia e a ideia de solidariedade (Santos, 1999, p. 239).

A cada fase da luta pela cidadania emancipatória deve-se

> continuar, na acção de todos os dias, associado à totalidade da nação, incarnando a verdade constantemente dialéctica da nação, propugnando aqui e agora pelo triunfo do homem total. Se a construção de uma ponte não enriquece a consciência dos que nela trabalham, vale mais que não se construa a ponte, que os cidadãos continuem a atravessar o rio a nado ou em barcaças (Fanon, 1961, p. 207-208).

A construção de uma cidadania emancipatória se faz no caminhar ao lado dos oprimidos-periféricos, na conscientização das massas populares, abrindo novos horizontes de aprendizagem para o protagonismo dos conhecimentos e saberes dos povos do Sul, onde a experiência de cada um possa ser, possa ter voz, transformando-se numa espécie de comunidade de aprendizagem contracolonizadora (Fanon, 1961; Freire, 2019a; Hooks, 2013; Santos, 1999; Santos, 2015).

Assim, como propõe Tonet (2016) e Gomes (2017), Paulo Freire não ignora a cidadania em sua proposta de pedagogia; pelo contrário, traz os oprimidos-periféricos para o centro de suas teorias e práticas educativas, a fim de juntos destes construir os caminhos de(s)colonizadores-emancipatórios possíveis, articulando educação e estruturas políticas.

Compreender o sentido da palavra cidadania em Paulo Freire tem a ver com:

> O respeito mútuo que as pessoas se têm nas ruas, nas lojas. O respeito às coisas, o zelo com que se tratam os objetos públicos, os muros das casas, a disciplina nos horários. A maneira como a Cidade é tratada por seus habitantes, por seus governantes (Freire, 2001a, p. 14).

Na perspectiva do autor, a cidade tem um papel importantíssimo na relação com os cidadãos — habitantes da cidade por excelência — pois, como um ente federado, é ela que está mais próxima dos indivíduos tanto para o exercício de sua cidadania quanto para demandar atendimento daquilo que pela Constituição se diz que tem direito[13].

---

[13] Vale destacar que no Brasil há a exceção do Distrito Federal, que não possui municípios e sim regiões administrativas ligadas diretamente ao governo.

Quando se pensa em um país como o Brasil, que tem 5.570 cidades, seria inviável que todo o debate e encaminhamento político, social e econômico ficasse restrito às sedes do Congresso Nacional, Palácio do Planalto e Supremo Tribunal Federal, instituições estas localizadas em Brasília, capital nacional. Quando se descentraliza o poder de uma república como a nossa, em estados e municípios, pode-se aproveitar dessa estrutura descentralizada do poder para buscar aproximar e ampliar as possibilidades de participação da população nas tomadas de decisão no espaço político. O sentido político da cidade em Freire vai além do poder representativo, aí está a potência deste conceito na obra do autor.

Para Freire, todos nós temos uma ligação profunda com a cidade: "A Cidade somos nós também, nossa cultura, que, gestando-se nela, no corpo de suas tradições, nos faz e nos refaz. Perfilamos a Cidade e por ela somos perfilados" (Freire, 2001a, p. 14). A criança quando nasce no mundo, nasce primeiramente para a cidade. É na cidade que ela viverá suas primeiras experiências como cidadã. Quando usufrui das ruas e praças ao passear com sua família, quando desfruta do acesso à instituição pública de educação perto de casa, quando é atendida pelo pediatra no posto médico de seu bairro e quando passa a conviver com as outras crianças e adultos que são vizinhos à sua residência. Claro que haverá casos em que as crianças não estarão sujeitas a vivenciar esses tipos de experiências.

Há crianças educadas desde cedo por suas famílias para a privatização da cidadania, com planos de saúde particulares, creches privadas, não brincam nas praças, nas ruas, ou com outras crianças, pois não são "conectivas" (Kohan, 2018), ou seja, educadas para não ser conectadas com as crianças de outras realidades sociais e culturais diferentes das suas, como, por exemplo, a realidade das periferias. Essas crianças que, considerando todos esses aspectos, não são a maioria no Brasil, desde tenras estão sendo alimentadas a abdicarem de seus direitos sociais e ir assimilando que aquilo que é público no Brasil "não é eficiente", "não é bom", "é muito lento". Porém, suas famílias irão educá-las ao longo da infância e juventude para aprenderem a arte de ocupar e dominar alguns setores estratégicos do setor público, seja, passar no vestibular das universidades públicas, nos cargos públicos de maior remuneração e na ocupação dos cargos do poder judiciário, legislativo e executivo de todos os entes federados, mantendo assim a engrenagem do poder das classes dominantes brasileiras. Por isso, Freire considera importante que se fure a bolha colonizadora da democracia:

> Não se faz nem se vive a substantividade democrática sem o pleno exercício deste direito que envolve a virtude da tolerância. Talvez as Cidades pudessem estimular as suas instituições pedagógicas, culturais, científicas, artísticas, religiosas, políticas, financeiras, de pesquisa para que, empenhando-se em campanhas com este objetivo, desafiassem as crianças, os adolescentes, os jovens a pensar e a discutir o direito de ser diferente sem que isto signifique correr o risco de ser discriminado, punido ou, pior ainda, banido da vida (Freire, 2001a, p. 15).

O controle das classes dominantes no Brasil é algo que deixou sempre Paulo Freire muito incomodado: "Realmente é algo que me deixa assustado: o autoritarismo neste país é um negócio extraordinário, não? Extraordinário!" (Freire; Guimarães, 2020, p. 100). Sobre o autoritarismo no Brasil, conforme nos alerta o sociólogo Jessé de Souza (2003), há uma crença disseminada no "imaginário social dominante" do país sobre os brasileiros serem todos iguais, evidenciada em jargões no estilo de "somos todos brasileiros" ou de "Noventa milhões em ação, pra frente Brasil, do meu coração"[14]. Essa crença também alimenta que as desigualdades que existem entre os brasileiros são apenas em relação à renda que recebem, sustentando o fetiche de que somente o progresso econômico poderia resolver esse problema. Quando se realiza uma análise histórica, observa-se que o Brasil foi o país

> de maior crescimento econômico do globo entre 1930 e 1980, sem que as taxas de desigualdade, marginalização e subcidadania jamais fossem alteradas radicalmente, [o que] deveria ser um indicativo mais do que evidente do engano dessa pressuposição (Souza, 2003, p. 51).

---

[14] Trecho da música "Pra Frente Brasil", entoada durante a Copa do Mundo de 1970 e que fazia alusão ao programa econômico da Ditadura Militar denominado "Milagre Econômico".

O engano de que o progresso econômico é a salvação para o Brasil desconsidera que: a) há na sociedade brasileira desigualdades pautadas por características raciais; b) há desigualdades pautadas por características de gênero; c) há desigualdades pautadas por questões religiosas; e d) há desigualdades pautadas por questões regionais. O mito de que há uma democracia racial, algo que durante os governos de Lula e Dilma (2003-2016) foi combatido com programas de ações afirmativas, porém não superado em sua totalidade, é um mito que está também presente no imaginário de parte da esquerda brasileira, onde se predominou a discussão de classe sem dar o mesmo enfoque ao racismo, e por isso nenhum

> brasileiro europeizado de classe média confessaria, em sã consciência, que considera seus compatriotas das classes baixas não-europeizadas "subgente". Grande parte dessas pessoas votam em partidos de esquerda e participam de campanhas contra a fome e coisas do gênero (Souza, 2003, p. 71).

Essas pessoas que com suas máscaras (Fanon, 2008) não enxergam negros e indígenas como seres humanos, como sujeitos de direitos, é a mesma gente que Freire denomina branquitude arrogante, pois, ao mesmo tempo que "queimam igrejas de negros, se apresenta ao mundo como pedagoga da democracia" (Freire, 2019b, p. 20). No discurso podem até defender a democracia, mas não abrem mãos de seus privilégios, não corporificam as palavras pelo exemplo (Freire, 2019b) junto dos pobres, dos indígenas e dos negros, mas da educação destes querem participar na linha de frente. Assim, vale lembrar o que disse Fanon (2008) sobre a postura da branquitude no contexto da sociedade colonizada.

> Um branco, nas colônias, nunca se sentiu inferior ao que quer que seja; como o diz tão bem Mannoni: "Ele será endeusado ou devorado". O colonizador, se bem que "em minoria", não se sente inferiorizado. Há na Martinica duzentos brancos que se julgam superiores a trezentos mil elementos de cor. Na África do Sul, devem existir dois milhões de brancos para aproximadamente treze milhões de nativos, e nunca passou pela cabeça de nenhum nativo sentir-se superior a um branco minoritário (Fanon, 2008, p. 90).

A branquitude age pelas estruturas da colonialidade, fazendo com que os próprios povos não brancos colonizados incorporem para si o sentimento de inferioridade em relação ao branco mesmo em condições minoritárias; afinal, como disse o autor, "nunca passou pela cabeça de nenhum nativo sentir-se superior a um branco minoritário" (Fanon, 2008, p. 90).

A luta contra a colonialidade em suas diferentes formas de neocolonialismo, como se deu no Brasil com a Ditadura Militar de 1964 (Santos, 2015), evidencia um dos mais truculentos regimes autoritários no pós-república, é uma luta a se realizar a todo tempo, desde nossos hábitos no ambiente primário, isto é, no ambiente doméstico, ao espaço público. Em relação ao autoritarismo, Schwarcz (2019) afirma que:

> Mostra a história que, quanto mais autoritários são os regimes políticos, maiores são as tendências para que se intensifiquem tentativas de controle das sexualidades, dos corpos e da própria diversidade. A violência e o clamor por segurança foram, como temos aqui comentado, os temas que mais se destacaram nas eleições de 2018 e ocuparam parte intrínseca dos discursos eleitorais dos políticos que se sagraram vencedores nesse pleito. Não obstante, a seletividade dos casos que merecem justiça, o silêncio público diante da criminalidade de grupos de identidade específicos, representam uma mostra de como a violência no Brasil e o combate a ela têm não só cor, geração e classe social, mas também sexo e gênero. [...] Por sua vez, o autoritarismo representa o antônimo da democracia (Schwarcz, 2019, p. 171, 182).

Podemos observar a partir de Schwarcz (2019) que o autoritarismo brasileiro, além de ser uma forma de governabilidade que também esteve presente no poder executivo do Brasil, é produto do projeto moderno-capitalista-colonizador-eurocêntrico para dominação e negação dos "Outros", os povos oprimidos-periféricos. Assim, autoritarismo e colonialidade possuem relação intrínseca.

Combater práticas autoritárias carregadas de injustiças sociais é algo que não se faz se não houver um projeto de educação revolucionário, uma pedagogia não para o povo e sim com o povo (Freire, 2019a). Uma educação não para as crianças, mas com as crianças, buscando orientá-las e não domesticá-las, buscando preservar o que há de mais potente nelas: a capacidade de serem revolucionárias, de terem curiosidade sobre o mundo, de trazerem experiências novas, tão necessárias a uma sociedade como a nossa, que em pleno século XXI retrocede com sua necropolítica, a política da morte (Carneiro, 2005; Mbembe, 2018). É nesse sentido que se questiona:

> Mas sob quais condições práticas se exerce o poder de matar, deixar viver ou expor à morte? Quem é o sujeito dessa lei? O que a implementação de tal direito nos diz sobre a pessoa que é, portanto, condenada à morte e sobre a relação que opõe essa pessoa a seu ou sua assassino/a? Essa noção de biopoder é suficiente para contabilizar as formas contemporâneas em que o político, por meio da guerra, da resistência ou da luta contra o terror, faz do assassinato do inimigo seu objetivo primeiro e absoluto? A guerra, afinal, é tanto um meio de alcançar a soberania como uma forma de exercer o direito de matar. Se consideramos a política uma forma de guerra, devemos perguntar: que lugar é dado à vida, à morte e ao corpo humano (em especial o corpo ferido ou massacrado)? Como eles estão inscritos na ordem do poder? (Mbembe, 2018, p. 6-7).

O Brasil é um país de forte tradição autoritária do ponto de vista das relações de gênero, etnia e classe social e por isso produz elevados números de feminicídios, LGBTfobia, transfobia, extermínio das juventudes negras das periferias e morte pela fome, com o aumento desse fenômeno de forma aterrorizante nos anos de 2019 e 2020 (Rede Penssan, 2021a; 2021b). Assim, Freire aponta quão imprescindível é inventar e reinventar a cidadania. A cidadania emancipatória não é um princípio que está imune às transformações dos tempos presentes; pelo contrário, exigirá luta constante por ela e por sua (re)construção.

> Sim, a cidadania, sobretudo numa sociedade como a nossa, de tradições tão autoritárias e discriminatórias do ponto de vista do sexo, da raça e da classe, a cidadania é mesmo uma *invenção*, uma *produção política*. Neste sentido, o exercício pleno da cidadania por quem sofre qualquer destas discriminações ou todas a um só tempo não é algo de que usufruam como direito pacífico e reconheci-

> do. Pelo contrário, é um direito a ser alcançado e cuja conquista faz crescer substantivamente a democracia. A cidadania que implica o uso de liberdade – de trabalhar, de comer, de vestir, de calçar, de dormir em uma casa, de manter-se e à família, liberdade de amar, de ter raiva, de chorar, de protestar, de apoiar, de locomover-se, de participar desta ou daquela religião, deste ou daquele partido, de educar-se e à família, liberdade de banhar-se não importa em que mar de seu país. A cidadania não chega por acaso: é uma construção que, jamais terminada, demanda briga por ela. Demanda engajamento, clareza política, coerência, decisão. Por isso mesmo é que uma educação democrática não se pode realizar à parte de uma cochicação da cidadania e para ela (Freire, 1997, p. 79).

A partir das questões colocadas por Freire (1997), pode-se afirmar que, quanto mais os brasileiros brigarem e alcançarem sua condição de cidadãos, mais democrático e menos autoritário será o Brasil. Educar para a cidadania emancipatória, nessa perspectiva, seria tarefa-chave em um projeto revolucionário de educação no Brasil, e a cidadania, por conseguinte, não é algo que se limita ao espaço da escola. Como diz Freire, comer é também um direito, dormir em uma casa é um direito, ter uma família é um direito. O projeto revolucionário de educação não se faz somente estando no poder, é um projeto de revolução cultural, portanto se faz em todos os processos antes de chegar ao poder político, envolvendo a de(s)colonização das mentes, a reafricanização das mentalidades, afropindoramização e reinvenção dos seres.

> Parece-me que este é um dos problemas que uma sociedade revolucionária deve se pôr no campo da educação enquanto ato de conhecimento. O do papel criador e recriador, o da re-invenção que o ato de conhecer demanda de seus sujeitos. O da curiosidade diante do objeto, qualquer que seja o momento do ciclo gnosiológico em que estejam, o em que se busca conhecer o conhecimento existente ou o em que se procura criar o novo conhecimento. Momentos, de resto, indicotomizáveis. [...] Na verdade, a educação colonial herdada, de que um dos principais objetivos era a "desafricanização" dos nacionais, discriminadora, mediocremente verbalista, em nada poderia concorrer no sentido da reconstrução nacional, pois para isto não fora constituída. [...] Por

> tudo isto é que, para os colonizados que passaram pela alienante experiência da educação colonial, a "positividade" desta educação ou de alguns de seus aspectos só existe quando, independentizando-se, a rejeitam e a superam. Quando, assumindo com seu povo, a sua história, se inserem no processo de "descolonização das mentes", a que faz referência Aristides Pereira; processo que se alonga no que Amílcar Cabral chamava de "reafricanização das mentalidades" (Freire, 1978a, p. 13, 15, 16).

A escola enquanto parte do Estado tem potencialidade para por meio dela materializar o projeto-político-pedagógico revolucionário, mas só chegará a este nível se quem estiver a serviço dele ter a consciência de que todos os ambientes culturais precisam caminhar nesta direção, sejam eles privados ou públicos (Freire, 2019a). Não se pode educar uma criança para a reinvenção da cidadania na escola e ela ser deseducada em casa. A construção de uma sociedade erradicada das formas de discriminação, seja racial, de gênero ou cultural, não se faz apenas por meio de decretos, mas por meio de revolução cultural, e por isso Freire propõe a "reafricanização das mentalidades". É nessa direção que Santos (2015) sugere pensarmos num projeto de revolução cultural articulado aos saberes dos povos afro-pindorâmicos, saberes estes que se mostram uma experiência radical de democracia e de cidadania emancipatória.

A luta pela cidadania emancipatória exige concomitantemente que se tenha ética. Isto é, não se estará construindo um Estado de direito democrático se deixarmo-nos homogeneizar por práticas discriminatórias. Essa ética da qual Freire nos fala também não pode ser uma "ética menor, restrita, do mercado, que se curva obediente aos interesses do lucro" (Freire, 2019b, p. 7). A ética necessária à luta por cidadania compreende que todo dia o poder precisa ser reinventado e o autoritarismo combatido. Assim, cada passo dado conscientemente rumo à construção de uma sociedade democrática precisa ter atenção, para compreender novos vícios reacionários a serem superados no ambiente cultural, e Gomes (2017) chama isso de um

> projeto que mantenha as suas fronteiras mentais e espaciais abertas para a entrada e a saída, desconfiando sempre de qualquer versão de pretensão de verdade enquanto fundamento para o extremismo e a violência política (Gomes, 2017, p. 129).

A autora acrescenta que a cosmovisão do povo negro e de outros povos oprimidos-periféricos com potencialidades rebeldes é fundamental para convergência de um plano metodológico e político que possibilite a radicalização emancipatória.

> Porém, ambos ainda se colocam como desafios que precisam ser conquistados nas lutas sociais e pela reinvenção do Estado e da democracia. Há que se investir mais na capacidade de articulação, cumplicidade e comunicação entre os movimentos sociais a fim de ampliar ao máximo a consciência de incompletude mútua através do diálogo intercultural (nível metodológico) e construir um projeto normativo que em todo e qualquer contexto identifica e restabelece as várias interfaces entre o específico e o geral, de forma contínua (Gomes, 2017, p. 128-129).

Desde a década de 70 há um expressivo crescimento de movimentos sociais no Brasil e no mundo, tanto ligados à igreja católica quanto à sociedade civil. Cada um desses movimentos nos apresenta problemas sociais diferentes, seja sobre o meio ambiente, "a luta das mulheres organizadas, dos negros, dos homossexuais, tudo isso se constituindo em força e em expressão de poder" (Freire; Faundez, 1985, p. 42). Esses movimentos revolucionários e sobretudo compostos por jovens, escancaram problemas evidentes na humanidade. São movimentos sérios que têm em comum denunciar a inoperância da burocracia do Estado em cada regionalidade e questionar a "civilização do consumo", instaurada como a atual engrenagem do capitalismo, e este é uma das principais barreiras à construção de uma sociedade com justiça social (Freire, 2019a).

Esses movimentos sociais que têm como virtude estarem espalhados mundo afora e estando massivamente presentes no Brasil estão reinventando o poder a todo momento tanto em espaços físicos como também nas redes sociais. Possuem muita criatividade, imaginação, capacidade para formar lideranças e têm compreensão histórico-crítica. Como diz Freire, para ter essa virtude de reinventar o poder em uma sociedade autoritária como a brasileira, "implica a compreensão crítica do possível histórico, que ninguém determina por decreto" (Freire; Faundez, 1985, p. 44).

6. CIDADANIA NO ESTADO LIBERAL BRASILEIRO

O presente de um Brasil em que “a impunidade é regra” quando vemos o contraste do tratamento desigual e racista do aparato jurídico brasileiro que encarcera “miserável que rouba um pão” (como ocorreu com Joana, de 24 anos, desempregada e mãe de duas crianças, que roubou carne para comer, e um homem que roubou dois *steaks* de frango de R$ 2,00 cada um, também para consumo próprio. Ambos os casos foram parar no tribunal máximo da justiça brasileira, quando deveriam ser considerados insignificantes nas instâncias inferiores)[15] e deixa em liberdade “espertalhão que rouba milhões” (como o caso recente de Geddel Vieira Lima, ex-ministro de Michel Temer, acusado de desviar mais de R$ 51 milhões dos cofres públicos, mas que rapidamente conseguiu prisão domiciliar e mais recentemente regime semiaberto, que o permitiu ter liberdade para trabalhar e estudar)[16].

Quando a impunidade é regra, há também um descontrolável aumento de pessoas que passam fome, como indicado no relatório recente da Rede Brasileira de Pesquisa em Soberania e Segurança Alimentar e Nutricional (Rede Penssan), em que nos dois primeiros anos de governo Bolsonaro (2019-2020) teve-se um imenso aumento de pessoas em situação de insegurança alimentar (IA) grave[17]:

---

[15] Para mais informações, acesse: https://www.bbc.com/portuguese/brasil-57477601. Acesso em: 13 set. 2021.

[16] Para mais informações, acesse: https://g1.globo.com/politica/noticia/2021/09/10/fachin-autoriza-geddel-vieira-lima-a-cumprir-pena-no-semiaberto.ghtml. Acesso em: 13 set. 2021.

[17] Em sua plataforma “Olhe para a fome”, a Rede Penssan (2021b), explica que a “**insegurança alimentar** é quando alguém não tem acesso pleno e permanente a alimentos. **Hoje, em meio à pandemia, mais da metade da população brasileira está nessa situação**, nos mais variados níveis: leve, moderado ou grave. E a insegurança alimentar grave afeta 9% da população – ou seja, **19 milhões de brasileiros estão passando fome”.** Disponível em: http://olheparaafome.com.br/#manifestu. Acesso em: 13 set. 2021.

> Eram 10,3 milhões de pessoas em IA grave em 2018, passando para 19,1 milhões, em 2020. Portanto, neste período, foram cerca de nove milhões de brasileiros(as) a mais que passaram a ter, no seu cotidiano, a experiência da fome (Rede Penssan, 2021a, p. 53)[18].

Neste cenário é que se observa tamanha condição de subcidadania (Oliveira, 2018; Paula; Nogueira, 2017; Souza, 2003) dos povos marginalizados no Brasil com o descumprimento dos direitos humanos fundamentais e dos deveres incumbidos aos que deveriam representar os interesses de toda população nacional, e por isso há uma realidade de desrespeito "generalizado e afrontoso", como diz Freire (2001).

A crise política-social-econômica atual no Brasil não se iniciou neste início de terceira década do século XXI, mas sobretudo foi acentuada com o enfraquecimento da democracia brasileira na deflagração do golpe político que culminou com a deposição da presidenta Dilma Rousseff, em 2016; e com a eleição de Bolsonaro para presidente, em 2018, onde este último com sua eleição e posse passou a escancarar a barbárie do conservadorismo brasileiro no espaço público (Costa, 2021).

Na trajetória clássica da cidadania no ocidente, ao mesmo tempo que ela se firma como um *status* social de direitos sociais e individuais, há grupos sociais que não são reconhecidos pelo Estado como cidadãos de direitos, recebendo um tratamento de cidadão de segunda categoria (muitas vezes nem isso, como aconteceu com os escravizados) e considerados inferiores por não deterem posses e consequentemente não se enquadrarem no perfil de cidadão de matriz europeia (homem, branco, casado, cristão e proprietário), o que faz, nos termos de Souza (2017), essa "ralé" permanecer assim, em condição de marginalidade. Souza (2017) ainda diz:

> [...] já temos também a pré-história daquela classe que chamo provocativamente de "ralé brasileira", para denunciar seu abandono.

---

[18] Em 2022 ainda sob a gestão de Bolsonaro a fome alcançou o número de 33 milhões e 100 mil pessoas. Além disso 58,7% da população brasileira convive com a insegurança alimentar. Ver mais em: https://pesquisassan.net.br/2o-inquerito-nacional-sobre-inseguranca-alimentar-no-contexto-da-pandemia-da-covid-19-no-brasil/. Acesso em: 24 dezembro de 2023.

> A única diferença hoje em dia é que essa classe é composta por negros e mestiços de todas as cores, mostrando que a antiga "raça condenada" se transforma em "classe condenada". Mas a sua função social continua a mesma. Ela serve às classes incluídas como mecanismo de distinção em duas frentes: uma simbólica, para provocar o prazer da "superioridade" e do mando; e outra material e pragmática, no sentido de criar uma classe sem futuro que pode, portanto, ser explorada a preço vil (Souza, 2017, p. 42-43)

Diante disso, não tem como falar de cidadania, marginalidade e exclusão no Brasil sem falar de suas relações com nosso passado de colonização e escravidão. Há consenso na literatura decolonial-emancipatória de que o projeto moderno europeu está diretamente relacionado com o encobrimento dos negros e indígenas (Almeida, 2020; Bello, 2015; Bernardino-Costa; Maldonado-Torres; Grosfoguel, 2020; Borges, 2017; Carneiro, 2005; Césaire, 1978; Danner; Dorrico; Danner, 2020; Dussel, 1993; Fanon, 1961, 2008; Freire, 1978, 2019a; Gomes, 2017; Gonzalez, 2020; Hooks, 2013; Krenak, 2020; Mayer, 2020; Nascimento, 1985; Quijano, 2005; Ramalho, 2019; Ribeiro, 2020; Rufino, 2018; Santos, 1999; Santos; Meneses, 2009; Santos, 2015; Schwarcz, 2019; Walsh, 2013). Entretanto, fizemos a opção em nosso trabalho de dar enfoque maior ao povo negro e sua luta[19], visto: a) por haver uma exploração maior dos negros para os interesses capitalistas comerciais; b) por terem sidos sequestrados de sua terra originária e forçados à servidão imposta pelos colonizadores; e c) por existir a importância de identificar as possibilidades do legado do Movimento Negro para a luta emancipatória no Brasil (Gomes, 2017, 2020), onde esse movimento é a voz da luta por sobrevivência de uma maioria de 54% da população brasileira autodeclarada. Segundo Quijano (2005), com

[19] Em alguns momentos, a discussão decolonial-emancipatória que faço em relação à cidadania e ao Estado Liberal no Brasil também se aproxima da situação de marginalização do povo indígena. Como destaca Osório (2009), em alguns casos o grupo de pessoas brancas pode também incluir pessoas amarelas e o grupo de pessoas negras (pretas e pardas) pode incluir pessoas indígenas. Essa possibilidade analítico-científica se torna aceitável por uma aproximação historicamente socioeconômica entre esses estratos sociais.

> o tempo, os colonizadores codificaram como cor os traços fenotípicos dos colonizados e a assumiram como a característica emblemática da categoria racial. Essa codificação foi inicialmente estabelecida, provavelmente, na área britânico-americana. Os negros eram ali não apenas os explorados mais importantes, já que a parte principal da economia dependia de seu trabalho. Eram, sobretudo, a raça colonizada mais importante, já que os índios não formavam parte dessa sociedade colonial (Quijano, 2005, p. 117).

Conforme destaca Nascimento (1985), já no século XV os europeus passaram a reconhecer no tráfico escravista a maior possibilidade de enriquecimento. Os negros da etnia Mbundu, na região sul de Angola, eram os preferidos da caçada colonial e o Brasil foi o maior receptor da mercadoria de corpos negros.

> Entre 1525 e 1867, segundo *Voyages: the transatlantic slave trade database*, o maior banco de dados sobre o tráfico negreiro transatlântico, 3.189.262 de africanos escravizados desembarcaram no Brasil, o que corresponde a 36,% dos africanos que desembarcaram nas Américas, em portos europeus ou em ouros portos africanos. Comparado a outros países, o Brasil foi o que mais recebeu africanos (Bernardino-Costa;Maldonado-Torres; Grosfoguel, 2020, p. 16).

O fluxo de escravidão estabelecido no Brasil e na Améfrica Ladina, utilizando-se o povo negro da África, aconteceu no mesmo período em que o "projeto moderno" avançava com a dominação das terras das Américas. A escravidão busca apagar no sujeito escravizado a capacidade de fazer escolhas, ou melhor, de se inserir no mundo humano. No contexto da colonização no Brasil, os negros eram tratados como nada além de escravos. Não se pode compactuar com um projeto que reduz um ser humano "a não ser nada", o que tem um peso drasticamente imensurável na vida dos povos historicamente colonizados e de seus descendentes. Assim, a empreitada do projeto moderno-capitalista-colonizador-eurocêntrico sempre representou uma ameaça à existência humana, uma verdadeira banalização à vida dos Outros.

A escravidão no Brasil vai ser mantida até o final do século XIX, perpassando inclusive a fundação do Estado Brasileiro, em 1822. Isto é, mesmo quando o Brasil se inspirou nos ideários liberais de igualdade e liberdade, ele manteve o tratamento de seres humanos coisificados, o que é uma grande contradição com o contexto europeu, que pregava uma igualdade entre seu povo e a construção de projetos de nação, como, por exemplo, no contexto francês.

Da revolução Francesa, nasceram 17 artigos registrados pela Declaração dos Direitos do Homem e do Cidadão, que tratavam de: os homens serem livres e iguais em direitos, o direito à associação política, soberania da nação, a lei como o limite da liberdade, obediência às leis, a lei como expressão da vontade geral, prisões e acusações somente conforme a lei, penalidades estabelecidas por lei, direito de defesa, tolerância à diversidade de opiniões e culturas, liberdade de imprensa, separação do público e privado, pagamento de impostos, controle das finanças públicas, direito de prestação de contas, a Constituição como garantia de direitos, e a garantia de o privado permanecer como está desde que não seja conflitante com o interesse público (Odalia, 2018).

Como questiona e aponta Quijano (2005), o projeto de Estado-nação francês possivelmente não teria se democratizado socialmente de forma radical se o fator racial estivesse presente, como aconteceu no Brasil. Os ideais liberais importados ao Brasil, no

> discurso fundante do Estado brasileiro, a partir de 1822, acaba por não modificar as instituições político-jurídicas do país. As estruturas senhoriais e escravistas se mantêm, apesar da independência, da ruptura formal com Portugal (Borges, 2017, p. 88).

Na visão de Paula e Nogueira (2017, p. 186), no caso do Brasil, por exemplo, quando a primeira Constituição Federal, em 1824, definiu o *status* de cidadão, essa "mesma Constituição manteve o caráter estamentário de nossa sociedade criando dois níveis de cidadãos – com e sem renda, os de primeira e os de segunda classe – e dois tipos de brasileiros – com e sem liberdade". A implementação do Estado Liberal no Brasil, em 1822, não ocorreu por meio de revoluções como na Inglaterra, de John Locke, nos Estados Unidos da América e na França.

A classe dominante da economia brasileira implementou o liberalismo e capitalismo no Brasil sem usar da força revolucionária que impulsionou o liberalismo na Europa, mas usou da conciliação com o Império. O liberalismo brasileiro tem inspirações nos ideais do monarquista inglês Thomas Hobbes, que propôs o Estado absoluto como resultado de um contrato social entre os indivíduos para sair de um estado de natureza e entrar em um corpo social e político, onde o imperador permaneceu como o Poder Moderador — compreendido como uma espécie de absolutismo — centralizando a tomada de decisões. De acordo com Borges (2017, p. 45), "o projeto de independência do Brasil foi uma negociação entre a elite nacional, a coroa portuguesa e a Inglaterra, tendo como mediadora a figura do príncipe Dom Pedro". O povo não participou não por desinteresse, mas porque a própria estrutura colonial se antecipou à ação popular para fins de manter o controle da ordem e o atendimento aos interesses capitalistas do Norte.

A conciliação entre classe dominante econômica e imperador, trouxe reflexos a questões culturais da atual sociedade brasileira, pois, ao se implementar um Estado Liberal, não por meio "revolucionário", verificou-se uma tendência expressa de uma cordialidade por grande parte do povo brasileiro em aceitar e esperar o Estado fazer por ele e não lutar por seus direitos, bem como o mito da democracia racial (Gonzalez, 2020; Souza, 2006). Para Paula e Nogueira (2017), este

> é o dilema a que se propõe as pessoas na medida em que a cultura da espera torna-se o eterno ponto de partida para alguma coisa que ainda não se sabe onde vai chegar e que também não se planeja aonde se quer chegar (Paula; Nogueira, 2017, p. 196).

Soares (2005) destaca que historicamente foi se desenvolvendo no Brasil um tipo de cultura da "revolução passiva", que passa a ser mais perceptível a partir do século XX, onde as forças da classe dominante brasileira se organizam junto ao Estado de maneira a ofertar direitos trabalhistas para população oprimida-periférica-pobre-marginalizada dos centos urbanos e recém-saída do regime escravocrata-colonial-imperialista, para assim manter o controle de sua dominação. Algo que justificaria, por exemplo, o fato de territórios periféricos serem formados por uma maioria de pessoas negras, pobres, assalariadas, mas com renda baixa, e com grande participação em programas de distribuição de renda como o Bolsa Família e com número expressivo de pessoas sem residência própria.

> As forças industrial e agrária da burguesia brasileira se viram obrigadas a recorrerem a formas de dominação que implicavam o uso de mecanismos visando à conquista de um relativo consenso junto às classes subalternas. No Brasil Imperial e na República Velha, esse movimento é menos perceptível, mas no regime implantado a partir da revolução de trinta a burguesia brasileira buscou uma hegemonia junto a segmentos das classes subalternas, através da chamada ideologia do nacional-desenvolvimentismo. Esse período de nossa história caracterizou-se pela busca de cooptação dos trabalhadores urbanos, principalmente pela Consolidação das Leis Trabalhistas, a CLT. [...] Aggio afirma que as classes dominantes não queriam correr riscos. Por isso, elas se anteciparam aos fatos e, através da ação do Estado, criaram algumas condições de "bem-estar social" para os trabalhadores. [...] O caminho brasileiro de chegada ao capitalismo de base industrial não seguiu modelos. A revolução nas estruturas política, econômica e social do país foi passiva, contou com a adesão das tradicionais classes dominantes. O desenvolvimento do capitalismo no Brasil e a sua dependência dos países centrais, segundo Werneck Vianna (1999), Fernandes (1975) e Prado Júnior (1989), diferenciam-no dos processos experimentados em países como Alemanha e Japão. Ali foram construídas e preservadas estruturas políticas abertamente ditatoriais. Isso permitiu que se tornassem países imperialistas. A montagem de estruturas capitalistas na periferia do capitalismo depende, na concepção dos referidos autores, da conjuntura internacional e de fatores internos vividos especificamente em cada país. No caso brasileiro, a modernização não rompeu as amarras da dependência internacional. O desenvolvimento rumo ao "americanismo" não rompeu as peias de um passado ibérico, colonial e dependente (Soares, 2005, p. 114, 115, 126).

Ao organizar o Estado Brasileiro, em 1822, segundo a expectativa das classes dominantes do nosso país, o Império brasileiro, inspirado nos ideais liberais emanados das revoluções burguesas, passou a garantir a ordem para que os cidadãos de “decente subsistência” realizassem seus contratos de proteção dos próprios bens. Esta é a “a principal marca do pensamento liberal na construção do estado nacional brasileiro” (Paula; Nogueira, 2017, p. 188). Ou seja, garantir para a classe dominante a proteção de sua propriedade privada, compactuando com o próprio Estado.

> Nossa primeira Constituição, apelidada a Constituição da Mandioca, outorgada em 1824 pelo imperador D. Pedro I, segue a linha do constitucionalismo britânico onde o que interessa é a defesa do Estado e do Rei e daqueles direitos do cidadão somente naquilo que o Estado se obriga a garantir, a cidadania, mas não a promovê-la. A Constituição de 1824 é claramente dividida em duas partes onde a primeira parte trata do Estado e do Rei enquanto encarnação da autoridade estatal e a segunda parte trata dos direitos do cidadão. Mas, a principal característica é aquela de que tudo aquilo que se encontra no campo do privado não é objeto de ingerência do Estado, então não objeto constitucional, exceto, no caso do Brasil, a religião tomada como religião do Estado. Ou seja, não há uma tentativa de promover o cidadão como constituinte da Nação e do Estado e a cidadania como principal característica de uma Democracia (Paula; Nogueira, 2017, p. 185).

Não houve no Brasil, com a implementação do Estado Liberal, uma descentralização do poder das mãos do imperador, muito menos a promoção da cidadania e do regime político democrático. Desde o início do Estado brasileiro, a classe dominante do país sempre implementou, usando da revolução passiva (Soares, 2005), suas reformas administrativas pelo alto escalão do Estado. Sempre se antecipou ao povo, fizeram suas revoluções pelo lado de cima do poder sem envolver as massas e sem ter nenhuma preocupação com a construção de um projeto de nação, que não fosse a servidão ao imperialismo internacional ou mesmo o fim das relações desumanas entre os povos das diferentes raças. O Estado Liberal brasileiro foi fundado incorporando a lógica estrutural do racismo (Almeida, 2020).

O uso do trabalho escravo, a dominação dos negros e a presença da ideologia racista em países colonizados como no Brasil e na América Ladina na totalidade têm um claro propósito: consolidar-se como "elemento chave para conter a agitação política, ao mesmo tempo em que raça e racismo constituem-se elementos fundamentais para a acumulação de capital em escala mundial" (Borges, 2017, p. 26). No Brasil, o racismo foi historicamente desenvolvido de forma traiçoeira e ambígua, ele se afirma perante sua negação, fazendo-se permanecer cristalizado nas raízes da civilização brasileira. Como destaca Gomes (2017, p. 51), a principal característica do racismo brasileiro "é a aparente invisibilidade. Essa invisibilidade aparente é ainda mais ardilosa, pois se dá via mito da democracia racial, uma construção social produzida nas plagas brasileiras" (Gomes, 2017). Já Quijano (2005) aponta que a suposta "democracia racial" foi uma imposição de matriz eurocêntrica para mascarar a verdadeira face do racismo e da dominação colonial dos povos negros; a população de origem africana é dificilmente reconhecida como cidadã em países como o Brasil[20].

Nos últimos suspiros do Brasil colonial e nas vésperas do processo de independência, não existia um sentimento de pátria na sociedade brasileira que fizesse as camadas sociais marginalizadas esperançar dias melhores. Desde o início da colonização e do regime escravista, a resistência negra se organizou nos quilombos para fazer frente ao projeto civilizatório imposto pelos portugueses, e entre essas comunidades de resistência destaca-se o Quilombos Palmares[21] (Gomes, 2017; Nascimento, 1985; Santos, 2015).

Conforme Nascimento (1985),

> Dos primeiros quilombos brasileiros do século XVII, sem dúvida Palmares se sobressai em similar. Das notícias da época, a quan-

---

[20] Exemplo disso foi o caso ocorrido em 2022 na orla da Barra da Tijuca com o negro congolês Mouse, que foi assassinado a pauladas após cobrar seu salário atrasado no quiosque em que trabalhava.

[21] Entre os muitos quilombos do Brasil, destaca-se também o Quilombo Campo Grande, situado nas terras de Minas Gerais, lugar de luta e resistência até os dias de hoje. Para saber mais, acesse: www.brasildefatomg.com.br/2020/08/18/despejo-do-quilombo-campo-grande-e-o-mais-longo-do-sec-xxi-e-marca-as-lutas-sociais. Acesso em: 19 ago. 2022.

tidade destes estabelecimentos está diretamente relacionada ao desmembramento deste grande estado que inaugura uma experiência singular na História do Brasil (Nascimento, 1985, p. 43).

E, após a instalação do Estado chamado “nacional”, muitas revoltas ocorreram reivindicando a proclamação da independência das províncias, como Canudos, Contestado, Caldeirões, Pau de Colher, se somando à luta dos quilombos pela libertação dos negros escravizados (Borges, 2017; Santos, 2015). Em outras palavras:

> Fogo!...Queimaram Palmares,
> Nasceu Canudos.
> Fogo!...Queimaram Canudos,
> Nasceu Caldeirões.
> Fogo!...Queimaram Caldeirões,
> Nasceu Pau de Colher.
> Fogo!...Queimaram Pau de Colher...
> E nasceram, e nascerão tantas outras comunidades
> que os vão cansar se continuarem queimando
> Porque mesmo que queimem a escrita,
> Não queimarão a oralidade.
> Mesmo que queimem os símbolos,
> Não queimarão os significados.
> Mesmo queimando o nosso povo,
> Não queimarão a ancestralidade
> (Santos, 2015, p. 45).

Se em 1888, com a abolição da escravidão, não se pode negar que esse resultado foi uma conquista para a emancipação do corpo negro que deixou de ser escravizado para ser corpo em liberdade, é preciso reafirmar que essa conquista não teria sido alcançada sem a participação dos negros, que — ao longo de todo o período colonial — sempre tiveram a luta como sua principal ferramenta para sobrevivência. Prova disso, foram as “lutas, as rebeliões nas senzalas, as lutas quilombolas, os abortos, os envenenamentos foram respostas fortes das africanas e africanos escravizados ao regime da escravidão” (Gomes, 2017, p. 102). Se por parte da classe dominante econômica brasileira houve interesse na libertação dos escravizados, para Quijano (2005) não foi com a intenção de assalariar os escravizados, mas para substituí-los por trabalhadores imigrantes de outros países da Europa e Ásia.

Após a abolição da escravidão na Améfrica Ladina, as classes dominantes nacionais, preocupadas com o futuro do Estado-nação, irão implementar a imigração como um rápido mecanismo de homogeneização da população nacional, de modo "a facilitar o processo de constituição de um Estado-nação moderno, à européia" (Quijano, 2005, p. 132). Havia um risco aparente com o crescimento da população negra e um temor de possíveis revoltas por parte desse povo. Trazer milhões de imigrantes europeus e asiáticos era a alternativa emergente de fazer o balanço do Estado pender sempre para o lado da classe dominante branca nacional, portanto não apenas como mão de obra para interesses comerciais. Em países como Argentina, Chile e Uruguai foi consolidada como hegemônica a branquitude de suas sociedades com o extermínio do povo negro e indígena e a chegada dos imigrantes. No Brasil a situação é mais complexa.

Desde 1821, verificava-se o surgimento de um conjunto de pequenas propriedades formadas por antigos escravizados, agregados e assalariados, os quais ocuparam terras aproveitando brechas do Estado, que não mais estava realizando concessão de terra, e, não havendo uma legislação sobre a posse da terra, simplesmente ocupar dava a posse sem título. Diante dessa nova dinâmica social, o contexto "da chegada de imigrantes ao Brasil (1824 e 1920) coincide com a fase de transição da mão-de-obra escrava para a livre" (Borges, 2017, p. 82) e, portanto, com a formação dessa sociedade formada por ex-escravizados, agregados e assalariados, até então subcidadãos, mas agora também com pequenas propriedades (posses) e podendo reivindicar títulos de cidadania. Essa situação dura somente até o ano de 1850, quando D. Pedro II sanciona a "Lei das Terras", que objetiva "colocar ordem na questão fundiária, encerrar o regime das posses e regular a titulação das terras no Brasil" (Borges, 2017, p. 80). E, com a aprovação da Lei das Terras de 1850, o Estado brasileiro utilizou-se de um instrumento legal para excluir os pobres, negros e indígenas de terem acesso à terra. Nesse sentido, Boff (2016) alerta que:

> Somos herdeiros de quatro sombras que pesam sobre nós e que originaram e originam a violência. A primeira é nosso *passado colonial*. Todo processo colonialista é violento. [...] A segunda sombra foi o *genocídio indígena*. [...] A terceira sombra, a mais nefasta de todas, foi *a escravidão*. Entre 4 a 5 milhões foram trazidos sob muita violência da África como "peças" a serem consumidas como carvão no processo de produção. [...] Desse processo surgiu uma nação profundamente dividida entre os poucos ricos e grandes maiorias pobres. [...] Somos, pois, um dos países mais desiguais do mundo, o que significa um país violento e cheio de injustiças sociais. Esta desigualdade social é uma das causas principais da violência no campo e na cidade. [....] A quarta sombra que explica grande parte da violência no campo é a *Lei de Terras do Brasil*, de nº 601 de 18 de setembro de 1850. Segundo esta lei, a apropriação de terras só se faria mediante compra da Coroa, proprietária de todas elas. Com isso os pobres e afrodescendentes, por falta de dinheiro, foram totalmente excluídos e entregues ao arbítrio do grande latifúndio, submetidos a trabalhos sem garantias sociais. [...] A consequência final desta perversa decisão imperial jogou os sem-terra para as favelas, cinturão de pobreza e miséria que caracteriza quase todas as nossas cidades (Boff, 2016, p. 27-29).

Ao fim do trabalho escravo, a classe dominante agrária brasileira muda o foco de seu investimento e controle social, substituindo o investimento no trabalho escravo pelo investimento em terras. O desdobramento de todo esse processo, é que escravizados e indígenas não tiveram outra opção que não a venda barata da força de trabalho para seus ex-senhores. E a sociedade brasileira independente não mudou o seu tratamento aos escravizados libertos em 1888, estes não tiveram nenhuma indenização e nenhum amparo, foram simplesmente lançados à marginalidade. Como destaca Lewis (2019), as sociedades independentes de 1822 e a republicana que se instaura em 1889 perpetuam a violência colonialista, onde a classe dominante branca nacional fundou um Estado burocrático de cidadãos e subcidadãos dotado de

> suas instituições políticas, jurídicas, policiais e militares, cujas autoridades perpetuaram e perpetuam narrativas e discursos colonialis-

> tas, importados de metrópoles do passado e do presente, como se o país, chamado Brasil, devesse se perpetuar eternamente como uma colônia serviçal do imperialismo internacional (Lewis, 2019, p. 8-9).

Ressalta-se, porém, que a luta de negros e negras pela sobrevivência esteve presente durante todo o período colonial e imperial brasileiro e a luta dos negros pela liberdade e dignidade não terminou com a abolição. No período republicano, as lutas serão ainda mais intensificadas porque a abolição foi realizada sem possibilitar as condições mínimas necessárias para o povo negro desfrutar da liberdade. Pode-se afirmar que o Estado atuou de modo regulador, conforme aponta Gomes (2017), ao atestar a liberdade jurídica, mas sem reparar os danos sociais causados por séculos de escravidão, o que fez acirrar o racismo e as relações de desigualdades raciais entre brancos e negros. A luta do povo negro assumirá um novo formato, passando a ser durante todo período republicano como luta pela cidadania, algo que ainda continuará sem cessar nos dias atuais, visto que a cidadania e a democracia continuam como promessas não realizáveis aos Outros dos europeus.

Observa-se que no século XX, após passar por processos de aceleração de crescimento industrial e social e mesmo "que o Brasil tenha sido o país de maior crescimento econômico do globo entre 1930 e 1980", as taxas de desigualdade, marginalização e subcidadania nunca sofreram alteração radical (Souza, 2003, p. 51). Isto significa que os brasileiros não são todos iguais, que as diferenças entre os brasileiros não ocorrem apenas em termos de classe social e que não basta uma ascensão econômica para que os problemas sociais se resolvam. As desigualdades no Brasil se acentuam sobretudo pela questão racial e de gênero, o que também é explicativo para a questão da miséria e da pobreza impostas ao povo oprimido-periférico, formado em geral por negros e indígenas brasileiros. Por isso, em nossas análises é preciso esforço constante no sentido de buscar conjugar as variáveis raça, etnia, idade, classe, gênero, região, periferia, centro etc., etc...

A organização do capitalismo-colonial no Brasil

> sempre se orientou para drenar as riquezas da colônia para a metrópole, de forma que não se incentivou que a riqueza produzida

> fosse melhor organizada para o próprio mercado interno ou até mesmo para o desenvolvimento do Brasil (Borges, 2017, p. 66).

Em praticamente 200 anos de proclamação da independência política com a constituição do Estado brasileiro e também nos demais países da Améfrica Ladina, muito timidamente se avançou na região em termos de nacionalização e de construção de um genuíno Estado-nação aos países que a compõe (Quijano). Os problemas sociais no Brasil e na América Latina se acentuaram para além das desigualdades racial e de classe social, como também o colonialismo "consolidou uma cultura de recorrente(s) violência(s) contra a mulher [...] e com outras formas subjetivas mais refinadas de violência" contra a população LGBTQIA+, indígena, quilombola, juventude negra, idosos, camponeses, crianças e pessoas com deficiência (Borges, 2017, p. 96). Vale destacar que no século XX a América Latina entrou em um período de repressão militar que foi extremamente carnificínico para povos indígenas, negros, mulheres, camponeses, trabalhadores assalariados e todos aqueles e aquelas que lutavam contra as desigualdades sociais e em defesa da extensão dos direitos a toda população "ralé". Esse período no Brasil perdurou entre os anos de 1964 e 1985, até a saída desse regime e instauração do congresso constituinte, que culminará com a Constituição Federal de 1988.

7. "RAÇA": O ENCOBRIMENTO DOS(AS) NEGROS(AS) E INDÍGENAS

Como muito já tem sido destacado nas reflexões deste livro até aqui, a construção da sociedade brasileira sofre grande transformação com o desencadear da modernidade. Antes dos colonizadores chegarem às terras do Brasil-América, os indígenas que aqui estavam cuidavam de toda riqueza natural, como fauna, flora, rios, mares, terras, árvores, árvores frutíferas e ar. Não existiam propriedades privadas, não existiam multinacionais, nem favelas, apenas as comunidades indígenas das diferentes etnias e a riqueza da natureza para a própria natureza e/ou da natureza para a subsistência dos povos originários. Mas, com a modernidade e seu projeto colonizador-civilizatório-capitalista, todo esse cenário será transformado nos séculos XVI, XVII, XVIII, XIX, XX, deixando marcas na contemporaneidade, quiçá sua permanência. Após o projeto colonizador-civilizatório-capitalista, não existirá nas terras do Brasil mais o cuidado com a riqueza natural, tudo será explorado e transformado em mercadoria com o projeto moderno, desde os animais, a água, o ouro, minério, até as pessoas. O indígena e o negro serão transformados no Outro do europeu, a vida deles passará a ser propriedade daqueles que criaram a ideia de civilização e a usaram para colonizar e fazerem-se perpetuar nas vidas dos povos de outras sociedades. Não restará outra saída aos indígenas e aos negros — estes últimos que, com as configurações sociais capitaneadas pelos europeus, tornam-se a maioria da gente da sociedade brasileira colonizada e escravagista — que não desenvolver o saber da rebelião, das revoltas, da resistência ao regime opressor, para assim buscar novas formas de sociabilidade. Diante de nosso interesse em revisitar o passado para compreender melhor o presente e as possibilidades de caminhos emancipatórios, antes de tudo, cabe começar por uma das teses centrais defendidas por Almeida (2020, p. 20): "[...] a sociedade contemporânea não pode ser compreendida sem os conceitos de raça e de racismo".

De acordo com Quijano (2005), as duas primeiras novas identidades socioculturais e geopolíticas do mundo moderno foram produzidas na relação entre América e Europa: o brancos e os Outros. Conceituar raça como categorias de seres humanos é uma construção da modernidade iniciada entre os séculos XV e XVI (Almeida, 2020; Dussel, 1993). A raça deve ser pensada no seu plural, as raças, e sua história é "é a história da constituição política e econômica das sociedades contemporâneas. Foram, portanto, as circunstâncias históricas de meados do século XVI[22] que forneceram um sentido específico à ideia de raça" (ALMEIDA, 2020, p. 25). A partir da instauração do projeto colonizador-civilizatório-capitalista e da "descoberta" do novo mundo, a América, a cultura renascentista, aliada aos interesses burgueses, passou a refletir sobre variações da existência humana num viés em que acabou por projetar o europeu como matriz de homem universal, e os demais povos em variações humanas menos evoluídas.

Ao chegar à América, assim nomeá-la, conquistá-la e colonizá-la, os ibéricos (portugueses e espanhóis)[23] encontraram vários povos e com distintas histórias de vida, identidades, culturas, línguas, memórias e saberes. Desses povos, "[...] os nomes dos mais desenvolvidos e sofisticados deles [são]: astecas, maias, chimus, aimarás, incas, chibchas, etc. Trezentos anos mais tarde todos eles reduziam-se a uma única identidade: *índios*" (Quijano, 2005, p. 127). A redução desses povos a uma única identidade não tinha outro interesse que não racializá-los, colonizá-los e discriminá-los. O mesmo tratamento ocorrerá por parte dos ibéricos aos "[...] povos trazidos forçadamente da futura África como escravos: achantes, iorubás, zulus, congos, bacongos, etc. No lapso de trezentos anos, todos eles não eram outra coisa além de *negros*" (Quijano, 2005, p. 127). Com a racialização de diferentes povos e o forjamento de suas identidades como índios e negros, os colonizadores estabeleceram uma cultura de negação e invisibilidade das históricas singularidades desses povos, como também, a criação dessas identidades, que para Dussel (1993) representa o encobrimento dos índios e negros, passou a despojar estes povos de seu próprio lugar na história e na cultura humana, e o es-

[22] Para Dussel (1993), esta data foi em 1492, no século XV.

[23] Conforme Quijano (2005), os britânicos irão colonizar as terras que hoje são dos Estados Unidos da América posteriormente à chegada dos ibéricos.

tabelecimento de um estrutural tratamento de inferiorização e discriminação. É assim que se estabelece o conceito de raça e consequentemente as práticas sistemáticas de discriminação desses povos racializados, nomeadamente como índios e negros, que é o racismo. Conforme Quijano (2005), dificilmente teria sido possível os europeus teorizarem cientificamente o problema da raça sem a objetivação do corpo e da cognição como comportamento de natureza predeterminada. Por esses motivos, passaram a considerar algumas raças como inferiores sob a justificativa de não terem "capacidade racional"[24]. Para compreender melhor como a ideia de raça é tratada no debate científico da modernidade, é preciso resgatar algumas questões históricas basilares.

Durante o período iluminista[25], um dos debates em destaque ocorreu entre as concepções de universalismo e relativismo. Enquanto o primeiro detinha-se em explicar, baseado em uma lógica etnocêntrica (e/ou eurocêntrica), e trazendo como verdade a civilização europeia, com seus princípios e cultura acima das demais sociedades, o segundo pensamento defendia que "[...] a cultura (ou 'costume', como se dizia na época) é constitutiva da humanidade e, assim, diante de tamanha diversidade, não haveria critério possível para julgar outras culturas, tendo como base a sua própria" (Heilborn; Araújo; Barreto, 2010a, p. 20).

Esse movimento constituído pelo debate científico da origem dos povos, foi também chamado de racionalismo e,

> [...] contatos persistentes com os povos primitivos, que se intensificaram no século XIX, colocavam o desafio de compreender não apenas como viviam e pensavam, mas de explicar, fundado numa

---

[24] Quijano (2005) e Almeida (2020) destacam que esse tratamento de inferiorização racial pode ser considerado como racismo científico e foi desenvolvido por Arthur de Goubineau no século XIX. O racismo científico serviu como uma justificativa teórica para a conversão e dominação dos povos indígenas e negros.

[25] Como já afirmamos anteriormente, uma das críticas ao iluminismo é o "[...] emprego do 'homem' como supostamente universal denunciando seu caráter particularizado, marcado pelo gênero masculino e pela raça branca. [...] A revolução Francesa, principal movimento político ligado ao iluminismo, pôs o lema 'igualdade, liberdade e fraternidade', como fundamento filosófico dos direitos humanos. Paradoxalmente, o movimento pela igualdade humana gerou desigualdades profundas" (Heilborn; Araújo; BarretO, 2010a, p. 15).

> lógica etnocêntrica (mais precisamente, eurocêntrica), como as culturas poderiam transformar-se e evoluir até chegar às sociedades complexas ocidentais europeia e norte-americana. E o contrário, explicar por que muitas sociedades tradicionais, cujo origem se perdia no tempo, permaneciam com níveis considerados primários de domínio tecnológico da natureza e de organização societária. Tal investimento científico deu-se articulado a um projeto político-econômico: o colonialismo e o imperialismo, conferindo sustentação científica aos processos de dominação dos países europeus sobre as demais culturas e nações (Gouvêa; Gerken, 2010, p. 19).

É importante destacar que, embora o movimento iluminista trouxesse a efervescência dos questionamentos sobre a origem dos povos, a própria perspectiva do relativismo não estava imune à lógica de considerar a raça europeia como superior às demais. As sociedades eram compreendidas em três estágios civilizatórios: primitivismo, barbárie e civilização, sendo que a última se remetia à sociedade eurocêntrica, que ocupava o topo da hierarquia social, pois era considerada o estágio mais avançado do processo de civilização.

Outro questionamento emergido a partir do século das luzes (século XVIII) diz respeito ao racismo religioso presente na explicação bíblica quanto às diferenças entre os povos, denominado como "maldição bíblica dos filhos de Noé", existente até os dias de hoje, o que reforça um tipo de moral racista nos estudos bíblicos.

> Mas o racismo e as teorias que o justificam não caíram do céu, eles têm origens mítica e histórica conhecidas. A primeira origem do racismo deriva do mito bíblico de Noé do qual resulta a primeira classificação, religiosa, da diversidade humana entre os três filhos de Noé, ancestrais das três raças: Jafé (ancestral da raça branca), Sem (ancestral da raça amarela) e Cam (ancestral da raça negra) (Munanga, 2003, p. 8).

Nesta passagem bíblica é apresentado que Noé, após sair da arca com seus três filhos Jafé, Sem e Cam, distribuiu, para cada um deles, um pedaço das terras sob seu domínio. Jafé ficou com as terras na região da Europa, Sem na Ásia e Cam na África. Em determinado dia, Cam viu seu pai nu e embriagado com o vinho que havia produzido depois da colheita das vinhas. Noé, ao acordar, ficou enfurecido com seu filho Cam por tê-lo visto nu e o amaldiçoou dizendo que seus descendentes seriam servos dos descendentes de seus irmãos. A justificativa da predominância e aceitação da teoria da predestinação dava-se porque Noé era tido como um homem enviado por Deus para proferir ações na terra. E, por amaldiçoar o destino dos descendentes de Cam, eles foram obrigados a servir os descendentes de Jafé e Sem. Em resumo, essa teoria religiosa da predestinação foi o que justificou a condição de escravidão do povo africano durante muitos anos, até a emergência de seu questionamento com a "descoberta" das Américas e sobretudo na efervescência do iluminismo, onde se problematizou novas teorias explicativas sobre a origem dos povos e suas relações (Heilborn; Araújo; Barreto, 2010a).

A Redenção de Cam[26]

[26] Esta obra foi criada pelo artista espanhol Modesto Brocos em 1895, foca no povo simples e trabalhador. Em diferentes momentos da história foi utilizada como argumentação para implementação de projetos de embranquecimento da população. Sem entrar em todas as teses possíveis desse debate, a obra nos parece ser pertinente para

Quando um livro sagrado como a bíblia, que é editado, revisado e proclamado por homens brancos eurocêntricos, tem tamanha relevância, é preciso duvidar minimamente do discurso de neutralidade em seus escritos morais, isso porque, concordamos com o que diz Marx (2011) em:

> E até mesmo o fato de serem *dominadas*, *governadas*, possuídas, elas [os oprimidos-periféricos] têm de reconhecer e admitir como uma *concessão do céu*! Do outro lado, encontram-se os próprios governantes, cuja grandeza está em proporção inversa ao seu número! (Marx, 2011, p. 147).

Ainda mais quando estes mesmos homens que gerenciam o mercado das escrituras sagradas possuem uma relação intrínseca com o sistema capitalista e o colonialismo nos territórios dos povos subalternos das Américas, África e Ásia, povos estes que lutam, até presentemente, pela efetivação de direitos mínimos que garantam suas sobrevivências (Almeida, 2020; Carneiro, 2005; Bello, 2015; Borges, 2017; Bernardino-Costa; Maldonado-Torres; Grosfoguel, 2020; Césaire, 1978; Fanon, 1961, 2008; Danner; Dorrico; Danner, 2020; Dussel, 1993; Freire, 1978, 2019a; Gomes, 2017, 2020; Gonzalez, 2020; Hooks, 2013; Krenak, 2020; Mayer, 2020; Moreira, 2017; Nascimento, 1985; Quijano, 2005; Ramalho, 2019, 2020; Ribeiro, 2020; Rufino, 2018; Santos, 1999; Santos, 2005; Santos; Meneses, 2009; Schwarcz, 2019; Walsh, 2013).

Em meio aos questionamentos científicos sobre a origem humana, a Igreja estrategicamente se colocava numa suposta neutralidade, diante dos conflitos emergentes após a descoberta das Américas, mas posteriormente retoma com a teoria da predestinação da maldição de

---

mostrar o pensamento do povo colonizado, tal como na obra de Fanon (2008) em que o ser branco opera como uma espécie de redenção e de uma vida melhor, algo que pode ser observado nas interações dos personagens da obra, na forma em que admiram a criança branca fruto de uma família miscigenada e na relação de território, onde o homem branco está sobre um concreto que representa um caminho melhor do que o que estão as mulheres negras, estas, sobre o chão de terra batida. Mais informações sobre a obra estão disponíveis em: https://enciclopedia.itaucultural.org.br/obra3281/a-redencao-de-cam. Acesso em: 20 fev. 2022.

Nóe. Nesse momento, o racionalismo se vê também marcado por uma disputa de duas correntes:

> uma visão monogenista, fundada na defesa da mesma raiz genética para todos os grupos/raças e a visão poligenista, defensora da ideia de que os distintos grupos/raças teriam origens genéticas diferenciadas, configurando espécies distintas (Gouvêa; Gerken, 2010, p. 37).

O debate racionalista entre monogenismo e poligenismo, não se preocupou só com a construção de conceitos e explicação da origem humana

> mas também se aliava às políticas colonialistas, em que a afirmação de uma distinção biológica entre a raça branca europeia e outras, como a negra africana e as indígenas australianas, justificava as práticas escravocratas e colonialistas (Gouvêa; Gerken, 2010, p. 36).

A perspectiva monogenista até a primeira metade do século XIX, fundava seus argumentos em interpretações religiosas e pressupostos da Revolução Francesa. Para essa corrente, todos os seres humanos são descendentes de Adão, homem criado por Deus, e entre os diferentes grupos sociorraciais não haveriam barreiras, "mas apenas uma desigualdade nos distintos processos civilizatórios", e a educação e a evangelização, contribuiriam para que todas as raças alcançassem o mesmo grau civilizatório, porém, mantendo em sua essência a superioridade da raça branca (Gouvêa; Gerken, 2010, p. 39).

A perspectiva poligenista construía sua argumentação na crítica ao modelo monogenista, que era visto como pouco científico e fundado na doutrina religiosa da Igreja Católica. Também, para os defensores dessa corrente, "as diferenças entre as raças refletiam não experiências históricas distintas constituídas pelos diversos grupos/raças, mas tais experiências expressariam níveis diferenciados de desenvolvimento mental e moral" (Gouvêa; Gerken, 2010, p. 39).

A disputa entre monogenistas e poligenistas se estende até o final do século XIX, porém uma reviravolta nos debates sobre a origem humana se deu com Charles Darwin, em 1850 (Heilborn; Araújo; Barreto, 2010a). Esse autor inicialmente não entrou no debate entre monogenistas e poligenistas. Aproveitou o momento em que a racionalidade estava em crise e publicou o livro *A origem das espécies* em 1857, colocando os seres humanos ao lado dos demais seres vivos (Gouvêa; Gerken, 2010).

Quando a obra de Darwin foi publicada, o debate do racionalismo ganhou novos ares com o conceito de seleção natural, onde o "homem era parte da natureza e sua ascendência remetia não mais às figuras bíblicas de Adão e Eva, mas à do macaco" (Gouvêa; Gerken, 2010, p. 41). Assim, a teoria da evolução formulada por Darwin, buscou a explicação do desenvolvimento das espécies "por meio da herança genética e do processo adaptativo ao meio ambiente, das espécies, que deixavam mais descendentes" (Heilborn; Araújo; Barreto, 2010a, p. 45). As distintas raças humanas se desenvolveram e continuavam a desenvolver através da adaptação ao meio e pelo conflito social entre os grupos, no qual os mais aptos e fortes sobreviveriam e dominariam os demais (Heilborn; Araújo; Barreto, 2010a). É importante também destacar que, posteriormente a Darwin, o sociólogo inglês Herbert Spencer formularia e "defendia a ideia de que o progresso humano tem como base a hierarquia social" (Heilborn; Araújo; Barreto, 2010a, p. 45).

Darwin contribuiu para o desenvolvimento do conceito de seleção natural, e em sua obra, citada anteriormente, foi estratégico e evitou, inicialmente, estender suas conclusões à espécie humana, focando as demais espécies. Também não se posicionou, de início, nos debates conflitantes entre monogenistas e poligenistas. Posteriormente, Darwin publica outra obra, intitulada *A descendência do homem e seleção em relação ao sexo*, onde o autor torna público o tratamento da origem do homem a partir do macaco, buscando "distanciar-se da posição poligenista, ao mesmo tempo que afirmava uma visão monogenista diferenciada" (Gouvêa; Gerken, 2010, p. 42). Para Darwin, a diferença entre as raças se daria

> [...] por um processo que poderia ser designado como seleção cultural algumas raças teriam progredido mais que outras e desenvolvido caracteres mentais distintos, racialmente definidos". Darwin via esse processo como resultante da interação entre na-

> tureza e cultura, referente principalmente ao desenvolvimento das faculdades mentais e morais, acreditando que tais variações seriam hereditárias (Gouvêa; Gerken, 2010, p. 42).

Os argumentos de Darwin foram incorporados pelos monogenistas e utilizados para reafirmar sua posição de que os homens são de uma única origem de espécie, e pelos poligenistas, que se dividiram em dois grupos: um grupo que refutava as ideias trazidas por Darwin, antidarwinismo, e um grupo que se apoiava nas contribuições do autor para argumentar que as mudanças biológicas provocavam o surgimento de uma pluralidade de espécies e raças (Gouvêa; Gerken, 2010).

Até o surgimento da obra *A origem das espécies*, a perspectiva poligenista era mais forte nos debates científicos. Posteriormente à obra de Darwin, a perspectiva monogenista saiu vitoriosa nos debates do século XIX e as discussões do movimento racionalista deixou impactos no século XX. Apesar da teoria da evolução de Darwin ser inovadora para os debates científicos da época, ela estava alicerçada nas correntes do racismo científico. A ênfase na hierarquização racial, decorrentes de heranças genéticas e dos processos adaptativos, "teria justificado as ações coloniais, segregacionistas e/ou de extermínio de populações ditas inferiores, de ódio racial, bem como as políticas antiassimilacionistas e antimiscigenação", pois, além de contribuir para a justificativa das ações colonialistas e imperialistas até o século XIX, serviu de base para eventos sangrentos como as guerras mundiais, o nazismo e o *apartheid*, já no século XX (Heilborn; Araújo; Barreto, 2010a, p. 13).

Mas nos tempos de hoje, como nos alerta Munanga (2003, p. 6), é preciso reconhecer que antes de Darwin e seus influenciadores, a representação do mundo era estática e impermeável a mudanças, mas eles, contribuíram para que percebêssemos que "os organismos vivos evoluíram gradativamente a partir de uma origem comum e se diversificaram no tempo e no espaço, adaptando-se aos meios hostis diversos e em perpétua transformação".

A origem do conceito de raça no campo científico, então, está atrelada ao debate sobre a origem humana, que se estendeu até o século XIX, com influência da teoria religiosa e do campo das ciências naturais. Já no século XX esse conceito será repensado nas ciências sociais e na antropologia. Até o século XIX, a antropologia física se voltava para os estudos das características fenotípicas dos indivíduos, de modo, a justificar a inferioridade racial dos grupos não brancos. Para esse campo do conhecimento, a principal teoria era de que as características dos grupos negros eram mais próximas aos macacos[27]. Nas primeiras décadas do século XX, o antropólogo americano Franz Boas (1858-1942), tencionou esse campo do conhecimento, pois

> provou por intermédio dos mesmos instrumentos craniométricos (*usados pela Antropologia física, para justificar as desigualdades das raças*), que as diferenças raciais entre grupos humanos não eram suficientes para comprovar diferenças morais, de habilidade ou comportamentos. Isto se dava porque as características raciais (como tamanho do crânio) não eram estáveis, mas podiam variar ao longo do tempo, de acordo com o meio ambiente e condições de vida. Os seres humanos e suas formas de vida eram muito mais produtos do seu meio, de suas histórias, das trocas que realizavam entre si, do que de características biológicas, sendo que estas mesmas também eram mutáveis. Perceba-se que Boas não questionava a possibilidade da existência de raças humanas. A refutação da ideia de raça enquanto uma realidade biológica só aconteceu décadas depois, com o avanço dos estudos da genética. O que Franz Boas defendeu foi a ausência de determinismo racial nas capacidades morais intelectuais humanas. Desse, modo, nas primeiras décadas do século XX, o conceito de raça como explicador das diferenças entre pessoas e grupos humanos foi sendo esvaziado na comunidade antropológica em prol de outro conceito que a partir daí ganhou importância crescente: a cultura (Heilborn; Araújo; Barreto, 2010a, p. 53, grifos nossos).

Nota-se que a contribuição de Boas foi fundamental para abrir questionamentos sobre as diferenças culturais que existiam entre os diferentes povos, nas suas formas de vida, linguagem e de organização, e, para a inauguração de uma nova antropologia, a antropologia social ou também cultural. Essa perspectiva contribuiu para romper com a visão hegemônica de um determinismo racial como justificativa da existência

[27] Os seres humanos e os macacos são considerados primatas.

de diferentes grupos humanos, pautado em questões genéticas, e dos processos de adaptação ao meio ambiente, tal como dava ênfase as principais teorias da evolução com influências de Spencer e Darwin.

No período em que a antropologia cultural contribuía para afastar-se das discussões sobre o estudo das raças nas sociedades, e estabelecer foco nos estudos culturais, movimentos sanguinários como o nazismo e segregacionistas como o apartheid, ambos baseados na discriminação racial, emergiram na primeira metade do século XX. Assim, quando se terminou a Segunda Guerra Mundial, os antropólogos culturais e demais

> intelectuais engajados/as se viram obrigados/as a um esforço mais sistemático de divulgação científica para a superação definitiva da ideia de raça que, embora quase desaparecida do centro do debate científico, entrará com toda força na esfera da política e da sociedade (Heilborn; Araújo; Barreto, 2010a, p. 57).

Verifica-se que já na segunda metade do século XX movimentações importantes ocorreram na perspectiva da garantia de direitos para todos os povos, independentemente de suas origens étnico-raciais. Em 1951, a Organização das Nações Unidas para a Educação, a Ciência e a Cultura (Unesco), publicou a "1ª Declaração sobre Raça". Nesse documento, os cientistas sociais e demais especialistas que participaram negaram

> [...] qualquer relação entre características físicas e atributos morais ou disposições psicológicas. Uma das recomendações da UNESCO foi a *substituição do termo raça por etnia,* tido como mais próximo do significado cultural, marco pelo qual se passa a descrever diversidade das sociedades humanas. [...] Entretanto, o que se nota é que a mudança do termo nem sempre significou a mudança de significado. Cultura, em suas diferentes concepções, foi pensada por vezes mais como um conjunto de traços, crenças e costumes ordenados de forma estática do que como uma estrutura dinâmica que se transforma pelo processo histórico. Assim, cultura assimilou a mesma concepção naturalizada de raça, como um conjunto de caracteres visíveis e hereditários dentro de um agrupamento humano (Heilborn; Araújo; Barreto, 2010a, p. 58, grifos nossos).

Além do documento publicado pela Unesco, outros documentos importantes também foram publicados nos anos 1950, com destaque para a obra de Claude Lévi-Strauss, cujo título é *Raça e história*. Em seu trabalho, Lévi-Strauss se posiciona claramente contra o evolucionismo e demais teorias etnocêntricas, demarcando a necessidade de o mundo compreender que temos uma diversidade de culturas, sendo todas fundamentais para nosso bem maior, o patrimônio da humanidade (Heilborn; Araújo; Barreto, 2010a).

De acordo com Munanga (2003, p. 6), na sociedade contemporânea o conceito de raça ao ser empregado *"nada tem de biológico. É um conceito carregado de ideologia, pois como todas as ideologias, ele esconde uma coisa não proclamada: a relação de poder e de dominação"*. O conceito de raça tem vários significados de acordo com os diferentes contextos. No meio científico contemporâneo é possível comprovar que na área da genética humana e biomolecular não existe raça. Já no meio social ela ainda persiste como uma ficção no imaginário das pessoas, o que faz perpetuar as relações racistas. Assim, militantes e cientistas antirracistas assumem o conceito de raça com sentido social para as lutas antirracistas, de forma a colocar na agenda social e política ações afirmativas em prol dos negros e indígenas e contra as relações de dominação e de exclusão, ao mesmo tempo que combatem um sentido de raça universal (Munanga, 2003). No Brasil, com o surgimento do Movimento Negro na década de 1940, verifica-se um intenso processo de organização para colocar na agenda pública o combate ao racismo e a outras práticas de inferiorização vividas pelo povo negro, bem como a luta por direitos, que terá grande ápice com o período constituinte de 1988. Agora passaremos a problematizar com mais atenção o fenômeno do racismo.

8. O RACISMO É ESTRUTURAL

O racismo moderno é um desdobramento da configuração da ideia de raça. Ele irá surgir como prática entre os séculos XVII e XVIII numa concepção mais sistemática de inferioridade intrínseca e natural e se consolidando ao adquirir amparo pseudocientífico com o racismo científico, como abordado anteriormente (Wood *apud* Almeida, 2020). Munanga (2003) ressalta que o racismo como linguagem semântica foi criado em 1920 já como uma realidade presente nas sociedades, a partir daí gerando possibilidades de diversas leituras e interpretações. Mesmo com o avanço da antropologia social, para desmistificar as supostas inferioridades biológicas entre os povos e com a abolição da escravidão nas Américas e África, o racismo continuará a existir como sistema de opressão colonial nas sociedades em que foi desenvolvido e na relação com o Norte.

Nas palavras de Gomes (2017, p. 98), o racismo pode ser definido como "[...] sistema de dominação e opressão estrutural pautado numa racionalidade que hierarquiza grupos e povos baseada na crença da superioridade e inferioridade racial". Nesta mesma direção, Almeida (2020) diz que o racismo é sempre estrutural, por isso atua na organização econômica e política das sociedades. Sua característica peculiar é agir como

> [...] forma sistemática de discriminação que tem a raça como fundamento, e que se manifesta por meio de práticas conscientes ou inconscientes que culminam em desvantagens ou privilégios para indivíduos, a depender do grupo racial ao qual pertençam (Almeida, 2020, p. 32).

O autor alerta para a diferença entre os termos racismo, preconceito racial e discriminação racial. Se o racismo pode resumidamente ser compreendido como sistema estrutural de prática discriminatória, o preconceito racial é o julgamento por meio de estereótipos de determinados indivíduos que pertençam a determinados grupos raciais, como: "todo negro de boné é bandido", "judeus são gananciosos", "homens negros são mais viris no sexo", "toda loira é burra", "índios são preguiçosos", "pessoas negras têm mau cheiro". Já a discriminação racial é a prática de tratamento diferenciado a membros de determinados grupos raciais, como: o fato de negros não serem bem tratados no shopping Pátio Savassi em Belo Horizonte[28]; povos indígenas não serem recebidos pelo presidente do Brasil para tratar de questões dos direitos dos indígenas pelo fato de serem índios[29]; crianças negras não receberem o colo de suas professoras na educação infantil ou não terem seus cabelos penteados pelo fato de serem negras, enquanto isso é proporcionado às crianças brancas[30].

Para compreender melhor como o racismo se organiza nas sociedades colonizadas-capitalistas-civilizadas, Almeida (2020) propõe entendê-lo por meio de três esferas: a concepção individualista, a concepção institucional e a concepção estrutural. Na visão individualista o racismo é tratado como algo patológico ou anormal, por isso, ele não existe. Essa concepção opera no esvaziamento do sentido político do racismo para concebê-lo como algo desviante de natureza psicológica, com isso,

> [...] deixa-se de considerar o fato de que as maiores desgraças produzidas pelo racismo foram feitas sob o abrigo da legalidade

---

[28] Para mais informações sobre a relação entre racismo e shoppings de Belo Horizonte, ver artigo "Com que cor eu vou pro shopping que você me convidou?". Disponível em: www.scielo.br/scielo.php?script=sci_arttext&pid=S1415-65552015000900002. Acesso em: 21 jan. 2021.

[29] O ex-presidente do Brasil, Jair Bolsonaro, é publicamente contra os direitos garantidos aos povos indígenas, como a demarcação de terra. Assim que foi eleito, foi procurado pelos povos indígenas para tratar de questões dos direitos desses povos, mas não os recebeu. Para mais informações: www.terra.com.br/noticias/indigenas-pediram-a-bolsonaro-para-manter-funai-na-justica-mas-nao-foram-recebidos,82b427567e55cfaf74b166909e144b0c07smxy6r.html. Acesso em: 21 jan. 2021.

[30] Em relação à educação infantil, vale destacar as pesquisas de Eliane Cavalleiro, que, desde a primeira década do ano 2000 vem pesquisando a relação entre racismo no cotidiano da primeira etapa da educação básica. Para mais informações: www.geledes.org.br/racismo-na-educacao-infantil-por-sueli-carneiro/?gclid=EAIaIQobChMIibbbhfGs7gIVygmRCh0j7wMMEAAYASAAEgIDTvD_BwE. Acesso em: 21 jan. 2021.

e com o apoio moral de líderes políticos, líderes religiosos e dos considerados "homens de bem" (Almeida, 2020, p. 37).

Na concepção institucional, a regra do jogo é clara. As instituições, sejam elas públicas ou privadas, possuem em seus postos de gestão uma homogeneidade de determinados grupos raciais. Estes grupos que detêm o poder das instituições vão utilizar dos mecanismos institucionais para controlar seus interesses político-econômicos. Assim, as regras elaboradas para organizar essas instituições atuam na "[...] imposição de padrões sociais que atribuem privilégios a um determinado grupo racial, no caso, os brancos (Almeida, 2020, p. 46).

Já a concepção estrutural tem um sentido sistemático no qual o racismo atua como uma ordem social que atravessa as esferas da política, da economia, dos instrumentos normativos, da família, da religião, com a imposição de regras e padrões racistas. Só existe o racismo nas instituições porque elas integram uma sociedade estruturada pelo racismo, onde a todo momento e nas diversas áreas sociais os povos negros e indígenas são discriminados racialmente. Assim, conforme destaca Almeida (2020, p. 47), as "[...] instituições são apenas a materialização de uma estrutura social ou de um modo de socialização que tem o racismo como um de seus componentes orgânicos". Por isso, não tem nenhum sentido falar de racismo reverso (de negros e indígenas contra brancos), pois, mesmo que haja algum preconceito ou discriminação nessa situação, as minorias em direitos não têm condições materiais e nem políticas o suficiente para impor de forma direta ou indireta desvantagens aos grupos sociais hegemônicos.

O uso do racismo em países colonizados como o Brasil e na América Latina como um todo tem um claro propósito: consolidar-se como "elemento chave para conter a agitação política, ao mesmo tempo em que raça e racismo constituem-se elementos fundamentais para a acumulação de capital em escala mundial" (Borges, 2017, p. 26). No Brasil o racismo foi historicamente desenvolvido de forma traiçoeira e ambígua, ele se afirma perante sua negação, fazendo-se permanecer cristalizado nas raízes da civilização brasileira. Como destaca Gomes (2017, p. 51), a principal característica do racismo brasileiro "[...] é a aparente invisibilidade. Essa invisibilidade aparente é ainda mais ardilosa, pois se dá via mito da democracia racial, uma construção social produzida nas plagas brasileiras" (Gomes, 2017). E Quijano (2005) aponta que a suposta "democracia racial" foi uma imposição de matriz eurocêntrica para mascarar a verdadeira face do racismo e da dominação colonial dos povos negros, e a população de origem africana dificilmente é reconhecida como cidadã em países como o Brasil.

Como destacam Heilborn, Araújo e Barreto (2010a) nas formas de manifestação do racismo nos dias atuais é preciso ter em vista e lutar contra

> não apenas as manifestações mais agressivas e evidentes de intolerância e ódio racial, mas também as situações de racismo implícito ou simbólico que escapam às categorizações mais óbvias do racismo segregacionista (Heilborn; Araújo; Barreto, 2010a, p. 11).

A título de exemplo, sobre práticas implícitas do racismo, podem-se citar os apelidos pejorativos, que carregam o sentido da ofensa por meio da brincadeira e estão recorrentemente presentes na rotina das escolas brasileiras e da vida social. Na rede social YouTube há um perfil intitulado "Pagode da Ofensa", com sete milhões de inscritos[31], que tem como protagonistas quatro rapazes (aparentemente três brancos e um negro de pele clara) que gravam e compartilham vídeos produzidos em locais públicos, onde aparecem cantando músicas improvisadas e proferindo apelidos ofensivos às pessoas que circulam em ambientes como estações de metrô, lojas e centros comerciais, com o objetivo maior de fazer humor e entretenimento no que chamam de "*bullying* saudável". Nesta situação, onde o riso é o sentido maior, para alcançar o humor os rapazes se sujeitam a falar asneiras, usando da discriminação racial ou mesmo da discriminação de gênero. O rir da própria tragédia, cultura tipicamente presente em uma sociedade colonizada como a brasileira, ao ser tido como objetivo fim, encobre as desigualdades existentes entre aqueles que proferem a ofensa e aqueles que são ofendidos e dis-

[31] O exemplo apresentado é mais uma situação em que o racismo opera com fins econômicos, pois no YouTube, os produtores de conteúdos digitais são remunerados pelo número de visualizações, pessoas inscritas em seus canais e comerciais embutidos nos vídeos.

criminados, como se alcançar o riso do outro gerasse uma verdadeira harmonia entre ambos. É como se nesta suposta harmonia houvesse uma neutralidade nas relações estabelecidas, mas na realidade estão disfarçadas de um racismo implícito em alguns casos e explícito em outros. Para alertar à sociedade brasileira e combater situações como estas, onde a discriminação racial acontece aliada ao humor, é que o Movimento Negro vai ocupar papel central na cena pública brasileira politizando o povo negro a caminho da emancipação sociorracial e auxiliando na compreensão de que

> afirmar-se enquanto tal é um posicionamento político e identitário que desconforta as elites e os poderes instituídos. E que o uso da força e da violência – uma das estratégias antigas do racismo – tem disso uma tentativa de fazê-los calar (Gomes, 2017, p. 70-71).

9. "CIDADÃO DE BEM": A FARSA QUE SE VOLTA CONTRA OS POVOS NEGROS DAS PERIFERIAS BRASILEIRAS

Neste tópico recorremos a alguns trechos de entrevistas a partir de pesquisa[32] que realizamos com famílias e professoras de crianças de uma creche, numa comunidade escolar periférica no município de Betim, ao longo do segundo semestre de 2019, para assim contextualizar o discurso de "cidadão de bem".

A dificuldade para entender o que é ser cidadão, a disseminação de um discurso disciplinador sobre a postura do cidadão e o esvaziamento do sentido político da cidadania são terrenos férteis para legitimar até mesmo entre a classe oprimida-periférica, esta historicamente excluída e à margem da condição de cidadania plena, a farsa do ideário de "cidadão de bem", conforme aponta Costa (2021).

> Em meio às dificuldades de explicar as características da "cidadania à brasileira", a figura do "cidadão de bem" ganhou terreno precisamente na retórica da *promessa da cidadania*. Esse "cidadão" adjetivado retira sua eficácia simbólica de processos de dominação arraigados, mas em sua própria enunciação mantém um aspecto de possível realização da cidadania (para alguns) ocultando, assim, a efetiva não realização da cidadania (para todos e todas) (Costa, 2021, p. 6).

No período após construção e aprovação da Constituição Federal de 1988, a chamada Constituição Cidadã, com mais intensidade na segunda metade dos anos 2000, se observa na cena pública brasileira uma

---

[32] A pesquisa a que referimos trata-se da tese de doutorado do autor intitulada "A não educação da primeira infância periférica para a cidadania: por saberes e fazeres decoloniais e emancipatórios" (SILVA, 2022).

nova reorganização estratégica das frentes conservadoras ao substituir nos discursos a categoria "trabalhador honesto" para "cidadão de bem". Essa reorganização estratégica é o movimento discursivo para a figura de linguagem "cidadão de bem", que esboça uma patologia social da sociedade brasileira (Costa, 2021). É verificada aqui a real intenção das classes elitistas reacionárias em se aproximar da grande massa de pessoas da classe oprimida-periférica brasileira para ocultar as diferenças e as desigualdades existentes entre trabalhadores, classe média e classe dominante. Este é um movimento que será decisivo para a eleição de um governo chefiado por Bolsonaro, que defende o porte de armas e é abertamente contra a garantia plena de direitos para a grande maioria da população brasileira formada por negros, mulheres, população LGBTQIA+, indígenas, crianças, pessoas com deficiência e pobres. Observa-se a junção de reacionários e conservadores para promover a destruição dos poucos direitos conquistados na história de lutas das classes trabalhadoras no Brasil e no mundo.

A classe dominante conservadora, ao disseminar a farsa do "cidadão de bem"[33] e conquistar o apoio de parte da classe oprimida-periférica, fortalece seu controle sob o *status quo* da sociedade brasileira, de maneira a encobrir as relações de dominação impostas pelo colonialismo e capitalismo, que estruturam nossa sociedade com desigualdades sociais e de classe, do racismo estrutural e do patriarcado capitalista de supremacia branca e, desde a fundação do Estado Liberal no período do império, legitimam suas ações por meio dos aparatos jurídico-legais e da regulação dos interesses conservadores no plano político brasileiro, sempre contando com as forças militares para reprimir os levantes populares, algo destacado também por Patto (1999) sobre o processo de desqualificação dos mais pobres.

> E a brutalidade sem tamanho da polícia contribuía para aumentar ainda mais "a distância entre o país real e o país legal", o que indica que fazer valer as leis, e não substituí-las pela norma, era a grande dívida da classe dirigente brasileira para com o ideário

[33] Mais recentemente esse conservadorismo tem ganhado destaque na cena pública da área da educação também com o Movimento Escola Sem Partido.

> liberal que professava. Numa sociedade na qual o medo da polícia era poderoso instrumento disciplinador, a barbárie um fato e a cidadania não estava nem mesmo no horizonte mais remoto [...]. A presença continuada de péssimas condições materiais de existência entre os trabalhadores, apesar das políticas sanitárias, podia ter outras causas, como as ambigüidades e o descaso do Estado quando se tratava de levar o conforto do progresso ou de garantir a cidadania aos segmentos sociais espoliados, atitudes que resultaram em fracasso de alguns projetos de saneamento (Patto, 1999, p. 177, 181).

As crianças historicamente compuseram o grupo de pessoas excluídas e abandonadas pelo Estado, em muitos momentos foram objetos de interesses industriais, trabalhando em condições desumanas (PAtto, 1999). Conforme mostram Rizzini (2011) em seu estudo sobre o século perdido e Souza (2009) em seu estudo sobre a ralé brasileira, as crianças sempre estiveram na mira desses aparatos, que nunca asseguraram plenamente seus direitos. No Brasil, a questão social (miséria, fome, ignorância, epidemias etc.) sempre foi vista como caso de polícia, sendo qualquer manifestação popular reprimida de forma brutal e violenta.

Santos (1978) afirma que

> a partir da chegada da colonização as cidades adquiriram uma importância enorme. Isto sem falar que a colonização, capitalismo e imperialismo, sinônimos que são desses fatos, puderam exercer influências diretas e indiretas na mudança das estruturas urbanas (Santos, 1978, p. 69).

Ou seja, as estruturas político-econômica das cidades e do Estado agem sob certos interesses das classes dominadoras e opressoras. E, por isso,

> Trata-se de uma forma ideológica de um pós-Estado, pós-social, com um poder estrutural extremamente concentrado por meio do qual os cerca de 1% da elite global governam os 99% da população empobrecida do mundo. Como ideologia, a sua força reside no seu valor performativo, e não no seu conteúdo real (Santos, 2014, p. 8).

Na conversa com Abayomi, além de se observar certa dificuldade para conceituar o que é ser cidadão, verifica-se também uma aproximação com a tendência conservadora do termo:

> Pesquisador: Agora quando você ouve assim, a palavra cidadão, em diferentes contextos, o que que você compreende disso, o que que você sente em relação a essa palavra. O que que é isso pra você? Porque você já ouviu essa palavra antes, né?
> *Abayomi: Sim, várias vezes. Várias vezes. Ai, Pesquisador, agora você me apertou! Eu fiquei pensando isso na aula [reunião], que você ia me fazer essa pergunta. O que que é um cidadão? Que nós falamos nisso lá na reunião. Eu acho que é todos, né? Eu acho que é todo mundo. Não tem diferença, não. Pode ser o cidadão de bem, o cidadão, né? O cidadão ruim. Eu acho que é todo mundo, não tem jeito não* (Abayomi, mãe, 2019, entrevista).

A palavra cidadão não é um termo distante do vocabulário da classe oprimida-periférica, ela está presente nos discursos e diálogos construídos por sujeitas e sujeitos oprimidos-periféricos, conforme Abayomi diz "Sim, várias vezes. Várias vezes". Mesmo a mãe de Monifa tendo tecido expectativas de que, quando fosse entrevistada, este seria um dos pontos a ser conversado, visto que na reunião de apresentação da pesquisa falei brevemente do que se tratava meu trabalho, ainda permaneceu a dúvida com ela para definir o que é ser cidadão.

Na tentativa de apresentar uma reposta ao pesquisador, Abayomi generaliza o termo e diz "Eu acho que é todos, né? Eu acho que é todo mundo. Não tem diferença não". Há uma forte naturalização do ser cidadão como algo já dado a todos. Por isso, a visão naturalizada de cidadania é um desafio a ser superado pela classe oprimida-periférica, em busca da efetivação desta, como Santos (2014) alerta:

> A busca de uma concepção contra-hegemônica dos direitos humanos deve começar por uma hermenêutica de suspeita em relação aos direitos humanos tal como são convencionalmente entendidos e defendidos, isto é, em relação às concepções dos direitos humanos mais diretamente vinculadas à matriz liberal e ocidental destes. [...] Com o neoliberalismo e o seu ataque ao Estado como

> garantia dos direitos, em especial os direitos econômicos e sociais, a comunidade dos cidadãos dilui-se ao ponto de se tornar indistinguível da comunidade humana e dos direitos de cidadania, tão trivializados como direitos humanos (Santos, 2014, p. 14, 19).

Abayomi associa o ser cidadão, também, ao binarismo adjetival "bom" e "ruim". Esse movimento discursivo cria uma espécie de disputa em termos de segurança pública entre os "de bem" e os tidos como "vagabundos" e "marginais".

> A figura do "cidadão de bem" se erige essencialmente sobre a dicotomia "cidadão de bem" *versus* "bandido" ou "cidadão de bem" *versus* "vagabundo". Essas dicotomias refletem o poder da ideologia em relações concretas da sociedade brasileira, dificultando que essa separação seja cognitivamente articulada como um contrassenso, na medida em que restringiria a cidadania apenas a determinados tipos de sujeitos considerados, de forma extremamente vaga, os "de bem" (Costa, 2021, p. 3).

O maniqueísmo que se cria no confronto linguístico-ideológico entre aqueles chamados "cidadão de bem" e aqueles apontados como marginais, além de criar no senso social uma sensação de insegurança e necessidade de vigilância constante, está também atravessado pelo racismo ao tempo que as possíveis ameaças, representada pelos apontados como marginais e vagabundos, são caracterizadas e padronizadas diante dos corpos negros periféricos, como observou Fanon (2008).

> Consciente, o antilhano percebe que vive no erro. Por quê? Apenas porque, e isso é muito importante, o antilhano se reconheceu como preto, mas, por uma derrapagem ética, percebeu (inconsciente coletivo) que era preto apenas na medida em que era ruim, indolente, malvado, instintivo. Tudo o que se opunha a esse modo de ser preto, era branco. Deve-se ver nisso a origem da negrofobia do antilhano. No inconsciente coletivo, negro = feio, pecado, trevas, imoral. Dito de outra maneira: preto é aquele que é imoral. Se, na minha vida, me comporto como um homem moral, não sou preto (Fanon, 2008, p. 162-163).

O "cidadão de bem" a ser protegido não são negros e periféricos, são os brancos. A moralidade é branca, a bondade é branca, fazer o bem é branco, educar para o bem é para o bem branco, o resto, a desgraceira toda, a maldade, é negra, preta, parda, indígena. Este é o "maniqueísmo delirante" que se assume como padrão do "cidadão de bem", para justificar a violência militar contra os corpos negros periféricos e cada vez mais jovens (Carneiro, 2005; Gomes; Teodoro, 2021; Mbembe, 2018).

Apesar de Abayomi utilizar os termos "cidadão de bem" e "cidadão ruim", sua tentativa de conferir significado ao ser cidadão se aproxima de uma reprodução do discurso conservador, pois complementa que cidadão de bem é

> uma pessoa que é honesta. É uma pessoa que não quer trapacear. É uma pessoa que se dedica e cuida das coisas do outro. Eu acho que é isso que é um cidadão, de bem. E de mal é aquele que a gente já tá vendo aí. É a pessoa que, entra na escola, que rouba (Abayomi, 2019, entrevista).

Na mesma direção, argumenta Adenike, apontando estratégias para educar a filha para ser uma "cidadã de bem".

> Adenike: Cidadã é uma pessoa que é comportada na comunidade. Tem o cidadão que é de bem e tem aquele que não é. Tudo é cidadão. Igual eu quero que a Adisa seja uma cidadã de boa índole, né? Igual eu quero que a Adisa cresça uma moça de bem, né?
> Pesquisador: Entendi. Tem que acreditar, né? E o que que é isso pra você, ser um cidadão de bem?
> *Adenike: Uai, de bem é uma pessoa que sabe comportar na sociedade, é uma pessoa que... Tem muita gente aí que você vê, né? Tem mulher, você vê mulher no jornal, tem mulher que tá no mundo do crime, então você vê, né? Tem mulher também, não é só homem não, tem mulher, né? Então eu quero que minha filha vai pelo caminho do bem. Quero que estuda, que faça uma faculdade, que vai fazer um curso, né? Eu quero que a Adisa seja independente, tenha o dinheiro dela, né? Ela também tem que trabalhar, né? Ter o dinheiro dela, tem que estudar. Eu*

*quero que a Adisa vira um cidadão de bem e é por isso que toda reunião que tem, eu tô aqui, eu gosto de acompanhar. A minha filha não tá acostumada a ir pra casa dos outros, eu não deixo, não, eu tenho medo. No mundo de hoje, eu tenho medo. Uma vizinha falou assim comigo: "Adenike, deixa a Adisa brincar aqui?" Eu não gosto. [...] Tava querendo colocar a Adisa na aula de balé. Porque eu vejo na televisão, muitas meninas começam com três anos de idade e já vai até pro profissional, né? Aí eu falei com o pai dela e o pai dela falou: "Ah, mas ela é tão pequenininha ainda". Mas eu acho tão bonitinho, mais pra frente eu vou olhar. Porque eu falo mesmo, menino você não pode deixar parado, na rua, na casa dos outros. [...] Eu tenho vontade de estar encaminhando a Adisa, não quero deixar a Adisa na rua, não (*Adenike, mãe, 2019, entrevista).

Na fala da mãe de Adisa, observa-se uma grande preocupação em projetar possibilidades para encaminhar a filha desde pequena para ser uma "cidadã de bem" e/ou "cidadã de boa índole". Ser cidadão para Adenike é "uma pessoa comportada na comunidade" e na "sociedade". Essa preocupação com o comportamento que a classe oprimida-periférica tem na educação dos filhos têm influência da perspectiva conservadora do ser cidadão, na qual, ao mesmo tempo que legitima o *status* de cidadania para os "de bem" e reforça que aqueles que são "pessoas ruins", "vagabundos", "bandidos", marginais" não devem ter nenhum direito e é aceitável serem colocados na mira do necropoder (Carneiro, 2005; Mbembe, 2018), a pauta do conservadorismo busca influenciar também a educação de seus filhos para que desde a tenra idade os povos oprimidos-periféricos acreditem que só serão "cidadãos de bem" se foram bem-comportados, obedientes e respeitosos à ordem social hegemônica, ordem esta ditada e normatizada pela cúpula da classe dominante conservadora, da qual a classe oprimida-periférica não faz parte e muito menos é considerada minimamente para que se garanta a ela o que precisa para a sua sobrevivência com dignidade, tais como: o direito efetivo a ter alimento, educação com qualidade social, trabalho com direitos trabalhistas respeitados e efetivados, direito à moradia própria e, como diz Freire (1997),

> liberdade de amar, de ter raiva, de chorar, de protestar, de apoiar, de locomover-se, de participar desta ou daquela religião, deste ou daquele partido, de educar-se e à família, liberdade de banhar-se não importa em que mar de seu país (Freire, 1997, p. 79).

E é por isso que a figura de linguagem "cidadão de bem" é uma farsa fundada em um maniqueísmo delirante (Fanon, 2008).

A classe dominante conservadora usa seu discurso mentiroso para a manutenção de seus privilégios, que sangram a classe oprimida-periférica, às vezes contando com o próprio apoio desta, pois pode existir em muitos momentos da relação opressores-oprimidos um "caráter de dependência emocional[34] e total dos oprimidos que os pode levar às manifestações que Fromm chama de necrófilas. Destruição da vida. Da sua ou da do outro oprimido também" (Freire, 2019a, p. 71). Assim, as classes dominantes inventam e pressupõe

> um cidadão superior, moralmente mais elevado, com mais direitos e, portanto, negar o próprio cerne da cidadania, que consiste na generalização de um *status* comum. Em vez de afirmar a cidadania, revela a existência do anticidadão (Costa, 2021, p. 6).

Ao reproduzir a figura de linguagem "cidadão de bem", a classe oprimida-periférica erroneamente reforça as estruturas hegemônicas que a torna subalterna e marginalizada, uma característica da sociedade colonizada: "O olhar que o colonizado lança sobre a cidade do colono é um olhar de luxúria, um olhar de desejo. Sonhos de possessão" (Fanon, 1961, p. 34).

A cidadania somente será real para todos(as), por isso cidadania emancipatória, ser for construída através das lutas político-sociais que colaboram para a transformação das estruturas dominantes controladas e governadas pelas classes dominantes conservadoras. Não à toa

---

[34] Durante a escrita deste livro ouvi de uma trabalhadora oprimida-periférica que algumas pessoas mereciam mais se aposentar que outras. Ela mesma achava que merecia menos, mesmo sempre trabalhando ao longo de sua vida em condições de informalidade. Entender como a ideologia dominante entra e permanece na cabeça dos dominados continua sendo um desafio para uma educação/pedagogia dos oprimidos.

se observa por parte dos governos direitistas, da mídia reacionária e dos conservadores fascistas infiltrados em redes sociais uma postura incessante de condenar, no imaginário social da população brasileira, os movimentos sociais que defendem os direitos humanos e universais de povos negros, indígenas, mulheres camponesas e urbanas, crianças, população LGBTQIA+, privados de liberdade etc.

> Não seria exagero afirmar que, em boa medida, as conquistas sociais configuradas constitucionalmente e nas diversas legislações especificas e efetivadas nos últimos anos, todas ainda insuficientes, são fruto da mobilização e da pressão social. Seguramente a democracia brasileira é incompreensível sem ter em conta, no seu núcleo, a presença dos movimentos sociais. No entanto, nos últimos anos têm-se assistido a um processo de perseguição e criminalização da luta social e de suas lideranças. Exemplos disso são a persistência da proibição de vistoria em imóveis que tiverem sido ocupados na luta pela terra; o Relatório Final da CPI da Terra que recomendou a transformação da ocupação de terras em crime hediondo; as prisões arbitrárias e políticas de lideranças de movimentos rurais e urbanos, entre outras. E ainda o impedimento de defensores de Direitos Humanos entrarem em presídios e casas de internação de adolescentes por serem incitadores de rebeliões e por isso até estão sendo processados, tem ainda a associação que tem sido feita de defensores de Direitos Humanos com tráfico e com o crime organizado numa tentativa clara de desqualificar e tornar militantes em criminosos que geram riscos à sociedade em geral. Uma outra faceta deste processo de criminalização e desqualificação são os diversos ataques que militantes de Direitos Humanos vem sofrendo via sites e comunidades na internet onde plantam o ódio e acusam os Direitos Humanos de defensores de bandidos e colocando a população contra a luta em geral pelos Direitos Humanos e por fim tem surgido outros meios, como: punições administrativas que afastam defensores de Direitos Humanos de seus cargos de trabalho quando estes ocupam funções públicas (Queiroz, 2006, p. 10).

Os militantes dos direitos humanos organizados em diversos movimentos sociais são condenados e perseguidos, chamados de "vagabundos", "defensores de bandido", entre outros nomes pejorativos, porque não são "comportados" e subordinados às ordens das classes dominantes conservadoras nacionais e internacionais; pelo contrário, se organizam e ocupam as ruas, os espaços públicos, fazem greves, paralisações e passeatas, em busca de fortalecer e radicalizar a democracia do país e garantir que todos possam ser cidadãos e não sofram nenhum tipo de discriminação pela sua "origem, raça, sexo, cor, idade e quaisquer outras formas" (Brasil, 1988, Art. 4).

Exemplo de ataque aos direitos humanos, foi proferido em nome da ordem da cidadania pelo Secretário de Governo/Procurador Geral do município de Betim durante a greve dos trabalhadores da educação de Betim em fevereiro de 2020, que contou com participação massiva das profissionais da educação infantil, em que o governo do município não estava cumprindo nos últimos anos sua obrigação de pagar o piso salarial nacional (Brasil, 2008) estabelecido anualmente pelo Governo Federal. O conservadorismo e o reacionarismo fica escancarado quando publicamente o governo municipal ataca o movimento grevista com ampla participação feminina, numa tentativa de jogar a sociedade contra os trabalhadores que lutam por melhores condições de salário, a partir da argumentação de que eles eram egoístas e que naquele momento deveriam ser sensíveis com a situação de calamidade social do município. Situação esta que no contexto de Betim parece nunca ter fim, pois é uma retórica constante no discurso dos governos que passam pela cidade.

> Falta de sensibilidade
>
> A arte da educação se baseia na possibilidade de geração de conhecimento e assim permear a adoção de condutas de vida compatíveis com uma condição cidadã. Não se educa apenas para garantir-se titulações, mas acima de tudo para gerar pessoas livres e com coerência no pensar. O que se tem visto em Betim na proposta de greve por parte da rede municipal de educação, é que realmente estamos diante de alguns profissionais que não merecem sequer o salário atual que recebem, quanto mais reivindicar aumentos e outro direitos, pois seu nível de educação social se perdeu ao longo da vida. Direitos de quem? Deles que estão empregados, possuem salários que são pagos corretamente todo mês, que possuem uma

> família, um lar que os abrigue das intempéries. Que tiveram um reajuste de 5%, ou seja, acima da inflação. Direitos individuais que os fazem esquecer da coletividade? Que os tornam insensíveis ao momento crítico que o município tem passado em função das chuvas intensas que destruíram lares, destruíram famílias, dilaceram expectativas e projetos de vida? Serão esses os educadores que pleiteiam "direitos" que formarão a sociedade de amanhã? Onde se encontra a disciplina de solidariedade, da compaixão que vá de encontro ao bem maior coletivo do que o individual? Seria esse o momento mais coerente para se reivindicar interesses próprios, ou seria o momento de se buscar a equidade para os que realmente passam por riscos iminentes? O município se encontra também em momento de calamidade financeira e com manifestações junto à defesa civil que ultrapassam a casa de 1000(mil), provenientes de pessoas que pedem socorro e o básico para a sua sobrevivência. E agora o sindicato vem reivindicar "direitos"? (Cypriano *apud* Sind-UTE Sub Sede Betim, 2020, s/p).

O Secretário de Governo, ao afirmar que a educação se baseia na conduta da "*condição cidadã*" e que essa condição deveria proporcionar a formação de "*pessoas livres e com coerência no pensar*", busca confundir a sociedade com falácias desvirtuadas do que a realidade mostra, pois trabalhadores que lutam por melhorias nas condições trabalhistas estão a educar suas crianças e jovens para que assim também façam ao longo da vida. A falácia pode ser desmentida dentro do próprio discurso do secretário, onde ele diz que os trabalhadores em educação de Betim "*não merecem sequer o salário atual que recebem, quanto mais reivindicar aumentos e outro direitos, pois seu nível de educação social se perdeu ao longo da vida*". Ao dizer que aqueles trabalhadores não tinham direito de reivindicar direitos, diz em outras palavras que a cidadania não é para os trabalhadores que educam sobretudo crianças oprimidas-periféricas da cidade mais violenta de Minas Gerais.

A classe dominante que ocupa o governo/Estado da cidade de Betim, por meio de cargos públicos, diz, com isso, que aqueles trabalhadores deveriam voltar aos seus postos de trabalho porque a profissão docente deveria ser exercida com "compaixão" e isso na tentativa de desqualificar o movimento de classe como algo egoísta, individual, o que é outra falácia. Trabalhadores da educação que lutam, sendo a maioria deles são pessoas que passaram em concurso público e que têm autonomia de pensar, representam no contexto brasileiro muitos outros trabalhadores que gostariam de ter forças individuais e coletivas para lutar por melhores condições de trabalho, mas que diante das situações-limites em que se encontram não conseguem ter.

Afinal, estariam mesmo felizes e satisfeitos os corpos oprimidos-periféricos que levantam às cinco da manhã para chegar a tempo nos postos de trabalho dos grandes centros e, após um dia inteiro de labuta, retornam para casa de transporte público e chegam em casa já no período noturno, para receber salários que são insuficientes para o pagamento de todas as despesas do núcleo familiar, com condições trabalhistas que não proporcionam qualidade de vida, e fazem isso sacrificando os cuidados com os filhos e família? Trabalhadores estes que, ao tentar reivindicar qualquer melhoria ou o básico que lhes é de direito, como o salário mensal pago em dia, são demitidos e desrespeitados nos direitos básicos, como aconteceu com as serventes escolares contratadas pela empresa terceirizada Qualitec, no ano de 2015, em Betim, mulheres, sobretudo negras, que prestavam serviços para os CIMs e escolas municipais. Algumas dessas trabalhadoras demitidas foram sujeitas de pesquisa anterior (Silva, 2016b). No dia da luta estavam radiantes e sonhando com um novo mundo; no dia seguinte pagaram o preço com a truculência do governo municipal, amargando o desemprego.

Conforme Arroyo (2015), o ataque conservador-moralizador contra os direitos humanos tem como função o encobrimento dos debates sobre os desafios raciais, sociais e de classe a serem superados para que se afirme a cidadania emancipatória; assim, esse ataque busca estabelecer uma nova ordem de segregação social e racial.

> Essa ênfase na classificação moral negativa desloca a condição social, racial e étnica que vinha sendo colocada com centralidade nos movimentos de afirmação popular, movimentos de classe, identitários, organizados em lutas pelos direitos do trabalho, por direito à terra, território, teto, alimentação, saúde, educação, transporte, identidades e culturas. Essas identidades de classe, trabalho e raça são marginalizadas como irrelevantes e se impõe

com destaque a identidade moralizante. Eles são sem valores, violentos, logo reprimidos até nos seus movimentos de lutas por direito. Uma visão moralizante que pensávamos ter ficado para trás diante de visões mais políticas centradas em valores de igualdade social e racial. Sendo estas visões positivas que as políticas educacionais vinham enfatizando e que as escolas públicas e seus profissionais vinham traduzindo em práticas de garantia do direito à educação e dos direitos humanos. Essa criminalização moral da juventude e dos adolescentes e de suas famílias, classe e raça termina marcando as políticas, as leis quanto a emprego, moradia, acesso a serviços sociais, a crédito, até mesmo quanto ao acesso e permanência na escola. O mais grave, essa criminalização moral da juventude pobre, negra condiciona o direito à vida e legitima o seu extermínio apenas por ser jovem pobre-negro. Legitima ser reprovado porque sem valores de disciplina, de estudo e de ordem. O avanço na justiça escolar vinha somando com o avanço da justiça social. Em tempos de recuo da justiça social como avançar na justiça escolar? Essa condenação moral das famílias, comunidades, dos jovens, adolescentes, crianças, não termina redefinindo o olhar das escolas, da docência, das políticas socioeducativas? Não termina enfraquecendo a defesa de políticas de educação indígena, quilombola, do campo, que passaram a reconhecer a diversidade como um avanço na definição de políticas, de diretrizes curriculares e de formação docente e pedagógica? Estamos em tempos de novas e radicais opções éticas e políticas no pensamento educacional, nas políticas e na cultura escolar e docente: reconhecer as identidades morais das famílias, comunidades, das infâncias, adolescências e dos jovens ou deixar-nos guiar pela cultura conservadora que segrega, reprime e criminaliza as famílias, comunidades e até suas crianças, adolescentes e jovens como imorais, violentos, logo extermináveis da ordem social e escolar (Arroyo, 2015, p. 34-35).

Arroyo (2015) chama a atenção para o papel que a educação precisa desempenhar neste contexto em que o discurso conservador busca tornar os povos vítimas do sistema opressor os culpados pela própria violência social e racial que sofrem. A estrutura colonizadora da sociedade brasileira continua a marginalizar pobres, trabalhadores, negros, indígenas e os chama de violentos, egoístas, como fez Cypriano em Betim, para justificar a repressão truculenta; não apenas na disputa da narrativa, mas fisicamente aos seus corpos, esta é uma das estratégias centrais que os conservadores nacionais utilizam para deslocar forças bélicas ao enfrentamento de corpos ainda não disciplinados pela lógica colonial e dominadora. Foi isso o que ocorreu também com as professoras da educação infantil ao entrarem em greve em 2018 e se manifestarem na porta da prefeitura de Belo Horizonte[35]. O autor nos mostra que, quando esse ataque ocorre com trabalhadores da educação, que são amplamente mulheres e negras, como no campo da educação infantil[36], sobretudo nas instituições das periferias, está na mesma direção do ataque letal executado aos corpos negros periféricos que se situam nas comunidades escolares onde trabalham essas educadoras. Assim, é preciso compreender que a narrativa da educação está em disputa e, cada vez mais, se torna insurgente um trabalho de base e conscientizador com a comunidade escolar de que a cidadania não está dada e de que o "cidadão de bem" é um discurso das classes dominantes em prol da manutenção de seus próprios privilégios, à custo do sangue dos Outros.

Retomando ao caso de Adenike, quando afirma *"eu quero que a Adisa seja uma cidadã de boa índole"*, isto evidencia a preocupação em educar a filha para ser uma cidadã comportada, o que não se limita a não fazer uso de drogas e ingressar em algum posto de trabalho do mundo capitalista. Ao querer tornar a filha uma "cidadã de bem", a família também alimenta a tentativa de controle do sujeito educado desde a primeira infância, para uma quietude ante a ausência de direitos humanos, sociais e educativos e da não efetivação da cidadania a todos(as), pois para "[...] que haja moral é preciso que desapareça da consciência o ne-

---

[35] Para mais informações, acesse: www.em.com.br/app/noticia/gerais/2018/04/23/interna_gerais,953594/pm-usa-bombas-e-jatos-d-agua-em-protesto-de-professores-no-centro.shtml. Acesso em: 20 fev. 2022.

[36] Para esta afirmação, tomo como base pesquisas que realizei com meus estudantes em pedagogia ao longo de três semestres sobre o perfil de professores de educação infantil da região metropolitana. Obtivemos como amostra um perfil médio de 60% de professoras negras. No último levantamento, realizado em novembro de 2021, foram: 51,1% pardas, 8,9% pretas e 40% brancas, numa amostra de 45 respondentes. Esses dados são diferentes dos resultados da pesquisa de Oliveira e Vieira (2013), em que se observou um perfil mais equilibrado entre brancos e negros no Brasil.

gro o obscuro, o preto. Então o preto, em todos os momentos, combate a própria imagem" (Fanon, 2008, p. 163).

A cidadania emancipatória só é possível de ser alcançada a partir das lutas sociais e de educação; não para obedecer à ordem hegemônica, mas para instigar no sujeito educado desde a tenra idade a curiosidade sobre o mundo, sobre as coisas mundanas, sobre as injustiças que sofrem os pobres, os negros, os indígenas e demais pessoas marginalizadas e exploradas, num país de grande desigualdade social, racial e de gênero, por isso é necessária uma educação que ensine a transgredir (Hooks, 2013). Se assim escolas e famílias não fizerem, Freire (2019a; 2019b) assinala que:

> Crianças deformadas num ambiente de desamor, opressivo, frustradas na sua potência, como diria Fromm, se não conseguem, na juventude, endereçar-se no sentido da rebelião autêntica, ou se acomodam numa demissão total do seu querer, alienados à autoridade e aos mitos de que lança mão esta autoridade para formá-las, ou poderão vir a assumir formas de ação destrutiva (Freire, 2019a, p. 209).
>
> Porque não aproveitar a experiência que tem os alunos de viver em áreas da cidade descuidadas pelo poder público para discutir, por exemplo, a poluição dos riachos e dos córregos e os baixos níveis de bem estar das populações, os lixões e os riscos que oferecem à saúde das gentes. Por que não há lixões no coração dos bairros ricos e mesmo puramente remediados dos centros urbanos? (Freire, 2019b, p. 16).

A educação para a consciência crítica deve começar desde cedo, desde os primeiros passos da criança no mundo, partindo de sua própria realidade social, cultural e geográfica. A "independência" que Adenike deseja para Adisa, a qual é, por sinal, um valor emancipatório (Adichie, 2017), só é possível de se proporcionar a todas as meninas oprimidas-periféricas, lutando contra a ordem social que organiza os recursos do mundo para a dominação masculina (Bourdieu, 2002). Isto é, sob o domínio de uma minoria de homens brancos, ricos, que se proclamam reis divinos, angelicais e mitológicos e que incessantemente tentam manter a classe oprimida-periférica dependente de suas promessas de caridade, explorando, por outro lado, sua força de trabalho que mantém ativa a engrenagem do sistema de privilégios que esses homens brancos elitizados dominam, e em outras palavras denominamos como projeto moderno-capitalista-colonizador-eurocêntrico. Alguns desses homens, estão inclusive ocupando em maioria os assentos dos espaços de representação política da democracia brasileira e se intitulam como os verdadeiros "cidadãos de bem", unidos em bancadas como a da "Bala, do Boi e da Bíblia"[37] do Congresso Nacional. E lá estão, não por mérito, o que é também falacioso numa sociedade de classes e com desigualdades raciais e de gênero, mas sim por privilégios, que por outro lado prejudicam a representatividade de mulheres negras nesses espaços representativos onde historicamente sempre foram e ainda são minoria, mesmo tendo competência e aptidão para a vida política (Silva; Caetano; Nanô, 2020).

O discurso conservador de "cidadão de bem", propagado fortemente pelos meios de comunicação hegemônicos e por *fake news* nas mídias digitais, é usado para legitimar uma atuação repressiva, truculenta e altamente violenta da polícia militar contra a população jovem negra moradora das margens periféricas e pobres do Brasil e "expressões dessa violência [são] o punitivismo, os linchamentos públicos, a conivência com as operações policiais homicidas e o forte apelo por armas de fogo para civis" (Costa, 2021, p. 4).

Combater a repressão policial contra jovens negros, justificada pela existência de supostos "cidadãos de bem" que precisam ser protegidos pelos homens da "bala", foi uma das ações que Pedro e Dandara — pai e mãe de Akin — mobilizaram junto ao grupo de jovens da Pastoral da Juventude (PJ) de uma igreja católica no bairro Petrolina.

> Pedro: É. Mas aí, na época do grupo, uma das coisas que a gente fazia, na verdade nós fomos ajudados a fazer, é que tinha uma questão muito pesada do preconceito racial aqui no bairro, desde a questão de intervenção policial até nas relações, o povo tinha muito preconceito mesmo com essa aceitação dos negros e tudo.

---

[37] Ver mais em: www.brasildefato.com.br/2019/02/12/bancada-bbb-se-reconfigura-e-pode-ampliar-influencia-nos-proximos-quatro-anos. Acesso em: 6 set. 2021.

> Na época tinha muito a ver também com o jeito de vestir, de usar boné, as calças, tinha muito isso: "Ah, porque usa assim é roupa de bandido", já tinha isso e ainda tem isso.
> Dandara: Sempre também nessa época policial parava muito.
> Pedro: Já aconteceu, quando parava, parava assim e já aconteceu com o pessoal do grupo e o pessoal relatava esses casos e tudo. E aí uma das coisas que apareceu era os jeitos que a gente tinha de fazer essa discussão. Primeiro a gente começou a fazer isso no grupo, a blusa da...
> Dandara: Ah, do curso que a gente até colocou, fez a mão, né, a gente tingiu ela com as cores da África, eram...
> Pedro: As cores da unidade.
> *Dandara: Eram as cores da unidade, amarelo, preto, vermelho e verde* (Dandara e Pedro, mãe e pai, 2019, entrevista).

A repressão racista e militar contra a juventude negra oprimida-periférica de bairros da comunidade pesquisada é confirmada pelos pais de Akin em "*tinha uma questão muito pesada do preconceito racial aqui no bairro, desde a questão de intervenção policial até nas relações*", "'*Ah, porque usa assim é roupa de bandido' já tinha e ainda tem isso*" e, "*Sempre também nessa época policial parava muito*". Segundo Carneiro (2005, p. 91), a violência urbana no Brasil alcança níveis de guerra civil, sendo as vítimas "na maioria absoluta homens, jovens, negros e pobres, vítimas de violência letal, assassinados, via de regra, por outros homens, jovens, pobres e majoritariamente negros". Diante da ausência de políticas públicas que reconheçam a população negra como cidadã e com isso realize sua proteção, o Estado acaba por inscrever "a negritude no signo da morte no Brasil" (Carneiro, 2005, p. 94).

A concepção de cidadania para Pedro e Dandara tem uma aproximação com a perspectiva decolonial-emancipatória para se construir uma sociedade com justiça social, por não ser uma compreensão de cidadania passiva e nem naturalizada, mas numa práxis de identificar uma injustiça social e propor uma construção coletiva antirracista que contribua para solucionar esse problema, como relatado em "*Ah, do curso que a gente até colocou, fez a mão, né, a gente tingiu ela com as cores da África [....]. Eram as cores da unidade, amarelo, preto, vermelho e verde*". Diferentemente de legitimar o "cidadão e bem", Pedro e Dandara falam sobre ser "um bom cidadão", no sentido de cuidar do exercício da cidadania, tomando a educação dos filhos como exemplo.

> Pedro: Aí ele vem conversar comigo, aí a gente vira pra quem não quer e diz "Você explicou para o seu irmão que você não quer conversar?". "Não". "Então por que você não explica pra ele e para de ficar criando expectativas?". Aí ele fala "Ah, não quero brincar agora, não". Aí o Akin "Mas eu queria". "Ah, então vamos brincar de outra coisa, o que você acha?". Pronto, se ele aprender a ser desse jeito, a ser sincero e saber que ele não é obrigado a brincar com o outro, que ele não é obrigado a conversar mas que tem que falar se ele não quer, até porque isso ele é obrigado a fazer, né. Respeitar o outro, porque está convivendo no mesmo espaço, é por aí. A formação passa por isso, ser cidadão é isso e em todas as dimensões, até no macro né, na questão política e econômica etc.
> *Dandara: Porque tudo que envolve ser humano é ser cidadão, né, tudo que envolve, assim, acho que é a formação do cidadão, tudo que ele puder fazer em respeito ao outro ele está sendo um cidadão naquela hora, um bom cidadão* (Dandara e Pedro, mãe e pai, 2019, entrevista).

Há uma preocupação do casal em conscientizar os filhos sobre o respeito entre si até mesmo nas brincadeiras, pois, por estarem "*convivendo no mesmo espaço*", é preciso um espírito democrático que envolve "ser sincero" e ser comunicativo com o outro, mesmo quando uma das partes não queira brincar. Pedro amplia sua concepção de ser cidadão para estar atento e acompanhar as questões "políticas" e "econômicas", evidenciando uma consciência, da parte dele, em relação à articulação da cidadania com a disputa de poder no plano macro do sistema estatal. Já Dandara, indo na mesma direção, afirma que a ação do cidadão e a formação deste, diz respeito a "tudo que envolve o ser humano" e no fazer bem aos outros seres humanos. Assim, para ela, quem se preocupa com o exercício da cidadania em todos esses âmbitos das microrrelações e macrorrelações, seria um bom cidadão. A concepção de cidadão de Pedro e Dandara se aproxima do "bom cidadão" defendido pela Unesco e difere do "*the good citizen*" racista e xenofóbico da

Ku Klux Klan, este último mais próximo do "cidadão de bem" da classe dominante conservadora brasileira.

> A diferença, portanto, não é meramente semântica, mas decorre da própria natureza do objeto. Por exemplo, a formulação *the good citizen*, que intitulava um panfleto da Ku Klux Klan entre 1913 e 1933, diz respeito a um fenômeno bastante diferente em relação àquela empregada pela Organização das Nações Unidas para a Educação, a Ciência e a Cultura (Unesco) no final do século XX. Os "bons cidadãos" da Klan eram fanáticos religiosos adeptos a práticas racistas e xenofóbicas de extrema violência (Neal, 2009). Já para o paradigma da educação cívica da Unesco, "bons cidadãos" são aqueles formados para serem esclarecidos e conscientes das questões humanas e políticas em jogo em sua sociedade, desenvolvendo o respeito pelos outros e reconhecendo a equidade entre todos os seres humanos (United Nations Educational, Scientific and Cultural Organization, 1998). Nenhum dos dois casos corresponde à figura do "cidadão de bem" brasileiro, ainda que, como veremos, o sentido empregado pela Klan lhe seja mais próximo do que o empregado pela Unesco (Costa, 2021, p. 2-3).

Carolina, apesar de não estabelecer uma aproximação do ser cidadão com o contexto político e social, constrói uma definição que se aproxima das trazidas por Dandara e Pedro e pela Unesco. Isso porque também associa o ser cidadão com o realizar um bom papel no exercício de seus fazeres laborais e no zelar pelo bem-estar dos outros seres humanos (microrrelações) por entender que estes também têm o direito de bem-estar.

> *Carolina: Uai, Pesquisador, cidadão é nós, né? É o que a gente vive aqui. Eu penso assim, ué. É fazendo o nosso papel de bom cidadão, de bom professor, como servente escolar, né? Eu acho assim, que isso inclui o cidadão. Não precisa ser exatamente nessa área, não, mas em tudo. Eu já te falei que eu passei por situações meio difíceis, sabe? Mesmo que eu já fui prejudicada, eu não gosto de ficar prejudicando, não* (Carolina, professora, 2019, entrevista).

Já para Rayane:

> *Cidadão pra ser uma boa pessoa, eu tô falando um bom cidadão. Pra ser uma boa pessoa. Vamos supor assim, se ele for ter um cargo em algum lugar, dele saber fazer aquilo, saber lidar com as pessoas, com todos os tipos de pessoas, entendeu? Saber respeitar os outros, os desejos dos outros, se pôr no lugar dos outros. É, pra mim, é isso aí. Tudo entra aí, o respeito, é... as diferenças, se pôr no lugar dos outros que isso aí é a melhor coisa a se fazer. Fazendo isso aí, já tem um passo pra se tornar uma melhor pessoa, ser uma pessoa do bem. Um melhor cidadão. Saber que aquilo que tá na mão dele pra ele fazer, ele saber manusear e cuidar, se for cuidar, né? Ou se for ensinar ou se for pra ele ser uma boa pessoa naquilo que ele faz, ele ser, não procurar, vamos supor assim, ser o melhor no sentido assim de desfazer do outro, de dizer que "Eu faço isso melhor do que o outro". Não, mas ele ter consciência de que o que ele está fazendo é o melhor. Igual, por aí também, é..."Dai a César o que é de César". Pagar imposto, também entra no bom cidadão, né? Pôr as suas contas em dia, é... Que mais? Se for no caso um pai de família, cuidar da família. É isso aí que eu acho que é cidadão* (Rayane, professora, 2019, entrevista).

A fala da professora no trecho anterior, ainda que tenha vestígios da colonialidade epistêmica de um cidadão para obediência e da naturalização do patriarcal, como em "*Daí a César o que é de César*" e "*se for no caso um pai de família, cuidar da família*", se sobressai um sentido aparentemente emancipatório de ser "*cidadão pra ser uma boa pessoa*". O sentido de "*um bom cidadão*" para Rayane estar relacionado com ter um espírito democrático para saber respeitar "as diferenças" entre as pessoas, tendo empatia ao "se pôr no lugar dos outros". Em nenhum momento o sentido de cidadão para ela se aproxima do sentido conservador de "cidadão de bem", que estabelece uma dicotomia entre os que são cidadãos e os outros que não são.

O sentido de cidadão de Rayane, neste primeiro momento, se opõe ao sentido conservador, isso pode ser visto em: "*se for pra ele ser uma boa pessoa naquilo que ele faz, ele ser, não procurar, vamos supor assim, ser o melhor no sentido assim de desfazer do outro, de dizer que 'Eu faço isso melhor do que o outro'*". Entretanto, Santos (2014) alerta que, até mesmo a perspectiva de um bom cidadão, conforme as orientações da Unesco e de demais instituições com atuação em prol da civilidade mundial, não eliminam a herança colonial do aparato político-democrático do Estado de Direito, o que pode ser uma estratégia para reforçar a divisão abissal entre os povos do globo.

> Comecemos por reconhecer que os direitos e o direito têm uma genealogia dupla na modernidade ocidental. Por um lado, uma genealogia abissal. Concebo as versões dominantes da modernidade ocidental como construídas a partir de um pensamento abissal, um pensamento que dividiu abissalmente o mundo entre sociedades metropolitanas e coloniais (Santos, 2009b, p. 31-83). Dividiu-o de tal modo que as realidades e práticas existentes do lado de lá da linha, nas colônias, não podiam pôr em causa a universalidade das teorias e das práticas que vigoravam na metrópole, do lado de cá da linha. E, nesse sentido, eram invisíveis. Ora, enquanto discurso de emancipação, os direitos humanos foram historicamente concebidos para vigorar apenas do lado de cá da linha abissal, nas sociedades metropolitanas. Tenho vindo a defender que esta linha abissal, que produz exclusões radicais, longe de ter sido eliminada com o fim do colonialismo histórico, continua sob outras formas (neocolonialismo, racismo, xenofobia, permanente estado de exceção na relação com alegados terroristas, trabalhadores imigrantes indocumentados, candidatos a asilo ou mesmo cidadãos comuns vítimas de políticas de austeridade ditadas pelo capital financeiro). O direito internacional e as doutrinas convencionais dos direitos humanos têm sido usados como garantia dessa continuidade (Santos, 2014, p. 14).

É preciso considerar que a ideia de "cidadão de bem", propagada pelas frentes conservadoras nacionais do Brasil, está diretamente articulada com o discurso do projeto moderno-capitalista-colonizador-eurocêntrico; o qual, desde a fundação do estado liberal no Brasil, fazia a distinção entre quem era cidadão e subcidadão (Souza, 2003; Paula; Nogueira, 2017). Compreende-se como subcidadãos os povos oprimidos-periféricos, em acordo com Souza (2018):

> Isso ocorre, em grande medida, porque o próprio capitalismo precisa do conhecimento incorporado no trabalhador – e não

> apenas nas máquinas e nos meios de produção – para se reproduzir de forma ampliada. Assim, o trabalhador passível de ser explorado pelo capitalismo de forma racional precisa ter incorporado o conhecimento útil que dele se espera, assim como as próprias disposições para o comportamento que são pressupostas em qualquer processo de aprendizado. Não por acaso, as predisposições para o desenvolvimento de trabalho útil, como disciplina, autocontrole e cálculo prospectivo, são também pressupostos em qualquer processo de aprendizado. Os indivíduos e as classes sociais – cujo contexto de carência aguda e desestruturação familiar impedem a adequada reprodução desses pressupostos psicossociais na socialização familiar desde tenra idade – estão, por conta disso, condenados à marginalidade e à exclusão social. Essa é a subcidadania permanente da qual este livro trata. Sem a incorporação de disciplina, autocontrole e cálculo prospectivo não existe inserção produtiva possível no mercado de trabalho capitalista competitivo (Souza, 2018, p. 40-41).

O subcidadão acaba sendo o também marginalizado, por não se enquadrar nos dispositivos de disciplinarização impostos pelas classes dominantes, ou, também, por se enquadrar para serem incluídos como força de trabalho produtiva e aparentemente julgar ser um "cidadão de bem". Em ambos os casos, os oprimidos-periféricos não deixam de ser subcidadãos. Isso porque, embora seja explorado pelo mercado de trabalho e compactue com os interesses das classes dominantes, o trabalhador só alcança esse posto no mundo produtivo do capital anulando os conhecimentos e saberes ancestrais em prol da incorporação do "conhecimento útil" (Krenak, 2020). Aqueles que não se enquadram também são subcidadãos e ganham o adjetivo de "marginais" e "perigosos", e, dentro das relações de poder, além de serem perseguidos pelas classes dominantes, sofrem com a repressão truculenta dos aparatos militares e também são discriminados por seus pares, que, submersos nas lógicas colonizantes, e por estarem dentro da engrenagem do capital, fescolhem o discurso da classe dominante visto que ela lhes "paga salários" e por isso se sentem obrigados a não ir contra o discurso do patrão.

Essa estrutura de subcidadania tem forte tendência de se reproduzir, como destaca Souza (2018), desde a "tenra idade", por isso a pauta conservadora foi acentuada nos últimos anos com o alargamento dos grupos fundamentalistas, fruto da articulação entre

> capitalismo, colonialismo e patriarcado — que definem a sua legitimidade (ou dissimulam a sua ilegitimidade) em termos do entendimento liberal do primado do direito, democracia e direitos humanos, vistos como a personificação dos ideais de uma boa sociedade (Santos, 2014, p. 29).

Tanto as perspectivas de Rayane e Carolina, apesar de terem um cunho emancipatório, não tocam no sentido mais revolucionário de ser cidadão proposto por Freire (1997, p. 79), em: "Demanda engajamento, clareza política, coerência, decisão". Só Dandara e Pedro se aproximam um pouco nesse sentido, visto que Abayomi e Adenike diferem aparentemente dos outros sujeitos, apresentando uma aproximação com o sentido conservador de "cidadão de bem". Por isso, a cidadania, como diz Fanon, não pode ser vista como algo dado, circunscrito numa ordem natural.

> Este voluntarismo espectacular que pretendia conduzir, de um só golpe, o povo colonizado à soberania absoluta, esta certeza que se tinha de arrastar, no mesmo passo e com igual claridade, todos os sectores da nação, essa força que se fundava na esperança, revela-se, com a experiência, como uma grande fraqueza. Enquanto imaginava poder passar sem transição da situação de colonizado à de cidadão soberano de uma nação independente, enquanto se desejava admirar pela miragem imediata dos seus músculos, o colonizado não fazia progressos no caminho do conhecimento (Fanon, 1961, p. 141-142).

Sem a pretensão de impor nossas reflexões aos dizeres dos sujeitos, as análises que vimos construindo até aqui buscam apenas olhar para a realidade social e sua compreensão sobre ser cidadão à luz de uma crítica decolonial-emancipatória, que até então evidencia que a cidadania das comunidades periféricas só se efetivará com luta ferrenha em uma sociedade em guerra colonial, onde há um Estado que financia e lava as mãos ante a fome do povo historicamente colonizado, ao mesmo tempo que legitima a política da aniquilação. Muitas vezes, líderes religiosos participam desse processo de destruição simbólica, histórica, cultural e política dos povos subjugados.

10. CIDADANIA E LUTA ANTIRRACISTA NO BRASIL: O LEGADO EMANCIPATÓRIO DO MOVIMENTO NEGRO BRASILEIRO

O Movimento Negro brasileiro surgiu na década de 1940, com o objetivo de colocar na agenda pública as desigualdades raciais e sociais vivenciadas pelo povo negro (Heilborn; Araújo; Barreto, 2010a). Segundo Gomes, entende-se por

> Movimento Negro as mais diversas formas de organização e articulação das negras e dos negros politicamente posicionados na luta contra o racismo e que visam à superação desse perverso fenômeno na sociedade (Gomes, 2017, p. 23).

O Movimento Negro brasileiro conseguiu mobilizar os oprimidos pelo sistema colonial-capitalista-civilizatório para que assumissem a posição de "atores políticos que protagonizam a resistência e a luta" (Santos, 2017, p. 11). Luta esta emancipatória, pois politiza e tensiona o que o racismo foi capaz de tornar em regulação conservadora na sociedade brasileira. Para isso,

> a raça e os demais sinais diacríticos são ressignificados e recodificados politicamente. As categorias de cor passam a ser critérios de inclusão (como no caso das cotas raciais), e não de exclusão. O corpo negro ganha uma releitura política, afirmativa e identitária (Gomes, 2017, p. 99).

Se Tonet (2016), numa leitura marxiana, propõe o uso estratégico da cidadania e dos dispositivos democráticos, por isso emancipação política, no processo de transição rumo à saída plena para a emancipação humana, quem apresenta uma possibilidade lúcida do uso da cidadania e da democracia de forma estratégica nas sociedades colonizadas é o Movimento Negro, principalmente o brasileiro.

De acordo com Gomes (2017), o espírito emancipatório[38], ou melhor, o objetivo de alcançar a emancipação, sempre esteve presente nas ações da comunidade negra organizada frente à realidade da escravidão, da pós-abolição e da República. E, quando falamos de libertação dos oprimidos, de emancipação, de de(s)colonização, isso não será possível de ser realizado plenamente sem o saber e o conhecimento produzidos por aqueles que construíram e constroem seus projetos de vida e de sobrevivência sob a opressão e dominação da sociedade colonial, escravagista, do racismo estrutural e da desigualdade social e racial. O saber dos povos estruturalmente e historicamente discriminados, sobretudo negros e indígenas, é uma potente ferramenta emancipatória para trazer novos questionamentos e desnaturalizar as sociedades dos colonizados e dos colonizadores. É nesse sentido que o Movimento Negro tem organizado a luta política dos negros no Brasil e em toda a diáspora, pautado no enfrentamento direto ao racismo, pois

> não basta apenas valorizar a presença e a participação dos negros na história, na cultura e louvar a ancestralidade negra e africana para que um coletivo seja considerado como Movimento Negro. É preciso que nas ações desse coletivo se faça presente e de forma explícita uma postura política de combate ao racismo (Gomes, 2017, p. 24).

O Movimento Negro brasileiro, desde os anos de 1970, contando também com apoio de simpatizantes, vem chamando a atenção da sociedade e do Estado brasileiro para o fato de que o racismo e as desigualdades sociais enfrentadas pela população negra não são frutos apenas da escravidão, e sim do projeto moderno-capitalista-colonizador-eurocêntrico (Almeida, 2020; Gomes, 2017). Compreender esse apontamento é necessário para a construção de um plano real de enfrentamento das condições de marginalidade dos povos oprimidos-periféricos e para a identificação do racismo nas diversas situações da vida cotidiana, social e econômica. E destaca-se que a efervescência do Movimento Negro no Brasil se deu justamente sob outro contexto de repressão na cena pública, que foi a ditadura militar.

[38] Aqui entendemos emancipação na perspectiva do Movimento Negro, em diálogo com a emancipação humana na visão marxiana.

> Não chega a ser exagero afirmar que entre 1888 e 1970, com raras exceções, o negro brasileiro não pôde expressar-se por sua voz na luta pelo reconhecimento de sua participação social. Soa interessante que tal expressão venha a acontecer num momento em que o país estava sufocado sob uma forte repressão o livre pensamento e à liberdade da reunião. Este era o momento dos anos 70 (Nascimento, 1985, p. 47).

Segundo Heilborn, Araújo e Barreto (2010a), na década de 1980, antes e durante a construção da Constituição de 1988, observou-se uma significativa movimentação de homens e mulheres negros para incluir na agenda do Estado brasileiro a implementação de ações políticas direcionadas à população negra (Heilborn; Araújo; Barreto, 2010a). E, no mesmo período em que se estabelecia no Brasil um novo marco jurídico, que inclusive pregava a extensão da cidadania a todos e todas, sem nenhuma distinção racial, de gênero ou religiosa, o mundo passava por transformações impostas por um novo modelo de liberalismo, o neoliberalismo, que mundo afora ganhou força "com uma agenda política de restrições de direitos sociais à população" (Borges, 2017, p. 55). E, como diz Noguera (2018), é preciso considerar a tese de que o neoliberalismo é uma nova versão da escravidão negra da modernidade, pois no neoliberalismo tudo passa a ter valor de mercado, o tempo torna-se sinônimo de dinheiro. Se há pessoas que lucram horrores, outras muitas são exploradas como escravas para a geração dos lucros do sistema financeiro que tem sede insaciável por acumulação de riqueza.

A Constituição Federal de 1988 vem sendo legitimamente considerada como Constituição Cidadã por sua proposição alargada em defesa da garantia de direitos a todos e todas sem nenhuma distinção, o que, todavia, não elimina o fato de que "tais direitos, normatizados e positivados, não são suficientes para contemplar as exigências que a história de luta por emancipação e autonomia dos povos subjugados e dos grupos ainda marginalizados almejavam" (Borges, 2017, p. 96). Assim, pode considerar que:

> A vitória histórica dos direitos humanos traduziu-se muitas vezes num ato de violenta reconfiguração histórica: as mesmas ações que, vistas da perspectiva de outras concepções de dignidade

> humana, eram ações de opressão ou dominação, foram reconfiguradas como ações emancipatórias e libertadoras, se levadas a cabo em nome dos direitos humanos. [...] Ao longo dos últimos duzentos anos, os direitos humanos foram sendo incorporados nas constituições e nas práticas jurídico-políticas de muitos países e foram reconceitualizados como direitos de cidadania, diretamente garantidos pelo Estado e aplicados coercitivamente pelos tribunais: direitos cívicos, políticos, sociais, econômicos e culturais. Mas a verdade é que a efetividade da proteção ampla dos direitos de cidadania foi sempre precária na grande maioria dos países. E a evocação dos direitos humanos ocorreu sobretudo em situações de erosão ou violação particularmente grave dos direitos de cidadania (Santos, 2014, p. 15, 17).

Os resquícios da colonialidade do poder não foram eliminados no aparato constitucional brasileiro de 1988 e perduram até os dias de hoje, o que favorece o controle dos avanços sociais prometidos na própria Constituição que poderiam gerar riscos ao projeto moderno-capitalista-colonizador-eurocêntrico. Alguns exemplos tocam em questões como: a reforma agrária, que nunca se realizou, mesmo no período de mais avanços desenvolvimentistas durante os governos de Lula (2003-2010) e Dilma (2011-2016); a taxação de grandes fortunas, crucial para obter-se mais recursos para a garantia dos direitos sociais; a auditoria da dívida pública, que é o maior gasto do orçamento público e evidencia o caráter dependente do orçamento público federal, em que 38,27%[39] do que se arrecada de recursos na União estão sendo ilimitadamente destinados para pagamento de juros de empréstimos realizados junto aos banqueiros, e também, conforme a Auditoria Cidadã da Dívida apurou, em 2019 pagava-se 2,8 bilhões ao dia de juros, e em 2020, mesmo diante da crise da covid-19, que trouxe impactos sociais e econômicos, pagou-se 4,4 bilhões de juros ao dia.

Outro exemplo é a promessa de creches e pré-escolas como um direito de todas as crianças e famílias, e isto não está sendo garantido efetivamente a todas crianças e famílias que demandam esse atendimen-

---

[39] Para mais informações, acesse os relatórios disponíveis em: https://auditoriacidada.org.br/conteudo/grafico-do-orcamento-federal-2019-2/. Acesso em: 16 jan. 2021.

to, conforme observamos no contexto da cidade de Betim em trabalhos anteriores (Silva, 2016a, 2016b). É nesse sentido que a Constituição, com sua promessa de garantia de direitos, tem contribuído para "institucionalizar a legitimação do Estado, por meio da fantasia da democracia e de uma suposta soberania popular. São novas formas de colonialidade do poder" (Borges, 2017, p. 99). E essa continuidade da colonialidade no aparato legal do Brasil tem sido uma marca histórica desde a primeira constituição, quando se criou as duas categorias de cidadão, os com e sem renda, os com e sem liberdade, e assim não tornou o Brasil independente na realidade, mas sim o mantém periférico e ao interesse e controle do plano internacional do Norte.

Num cenário de contradições onde, por um lado, se garante direitos retoricamente universais ao povo oprimido-periférico e, por outro lado, o capitalismo reinventa novas formas de escravidão contemporânea (Sakamoto, 2020)[40], Gomes (2017) observa que, até a década de 1980, o Movimento Negro demandava ações mais universalistas e que a reivindicação por ações afirmativas iniciou-se a partir dos anos de 1990, na medida em que o movimento percebeu o esgotamento

> das práticas universais de igualdade, democracia e direitos humanos, mesmo quando estas diziam incorporar a raça. A discussão da igualdade tanto defendida pelos movimentos sociais continuava a relegar à raça a um lugar secundário ou até mesmo a ignorava (Gomes, 2017, p. 106).

A partir disso, o Movimento Negro passou a demandar de forma efetiva as ações afirmativas que já vinham sendo discutidas entre a militância negra. Portanto, foi a partir da implementação das políticas universais acessadas pela população negra, como a educação, os concursos públicos, o direito ao voto nas eleições municipais e nacionais, que as ações afirmativas emergiram de forma potente e passaram a ocupar lugar de destaque nas pautas do Movimento Negro, como, por exemplo,

[40] Conforme destaca Sakamoto (2020, p. 7), "Entre 1995 e setembro de 2019, mais de 54 mil pessoas foram encontradas em regime de escravidão em fazendas de gado, soja, algodão, café, laranja, batata e cana-de-açúcar, mas também em carvoarias, canteiros de obras, oficinas de costura, bordéis, entre outras unidades produtivas no Brasil".

a implementação das políticas de cotas nos vestibulares, nos concursos públicos, nos programas de pós-graduação, na reserva de recursos do fundo partidário a candidatos negros etc. Essas políticas de ações afirmativas possibilitaram e possibilitam romper com a perpétua exclusão social provocada por procedimentos institucionais pautados no discurso neoliberal do mérito e da competência, que está a serviço da manutenção dos grupos privilegiados no controle das estruturas do Estado e da sociedade. Assim, as ações afirmativas passam a ser compreendidas como "políticas de correção de desigualdades raciais desenvolvidas pelo Estado brasileiro" (Gomes, 2017, p. 18).

Outra dimensão importante a ser observada nas políticas de ações afirmativas, tal como aponta Ribeiro (2020), é a construção de políticas interseccionais (Crenshaw, 2012); as quais repararão as desigualdades condicionadas a mulheres e/ou homens negros. Ao implementar seu projeto moderno-capitalista-colonizador-eurocêntrico, os europeus trouxeram para os países ladino-amefricanos, como já dissemos, também as formas de discriminaçõesde gênero oriundas das sociedades de supremacia branca (Akotirene, 2018; Almeida, 2020; Carneiro, 2005; Crenshaw, 2012; Hooks, 2013).

Em países colonizados como o Brasil, as mulheres negras passaram a ser o Outro do Outro, pois não são nem homens e nem brancas; como destaca Ribeiro (2020, p. 38) "ocupam um lugar muito difícil na sociedade supremacista branca, uma espécie de carência dupla, a antítese de branquitude e masculinidade". As demandas por políticas interseccionais não serão exclusivamente para as mulheres, pois é preciso considerar que os efeitos nocivos da sociedade de dominação masculina não se restringem apenas às mulheres. Podemos notar, evidentemente,

> que, apesar da superioridade social atribuída ao masculino, a classificação de gênero prejudica também os homens. Já nos primeiros anos de escola, meninos são considerados, *a priori*, desatentos e bagunceiros e, em consequência, menos motivados para o estudo do que as meninas (Heilborn; Araújo; Barreto, 2010b, p. 19).

Com isso observa-se que o gênero não pode ser tratado como um recorte, descolado da posição de classe social e raça, visto que, quando analisamos os dados sobre o abandono escolar e analfabetismo, podemos ver que os desdobramentos da dominação masculina afetam principalmente os meninos negros das camadas mais pobres da sociedade. Como destaca Ribeiro (2020, p. 39), é "muito importante perceber que homens negros são vítimas do racismo e, inclusive, estão abaixo das mulheres brancas na pirâmide social".

Assim, vale lembrar que o legado do Movimento Negro brasileiro está sobretudo centrado em seu caráter emancipatório, que, mesmo numa sociedade capitalista, luta pela ampliação da cidadania, rumo à construção de uma sociedade emancipatória para todos(as). Ao politizar o povo negro, busca-se deste modo, retirá-lo do silêncio e da invisibilidade para o lugar de fala e protagonismo, fazendo a transposição do lugar de vítima para o lugar de ator social, transformando o conceito de raça de uma condição de exclusão para políticas de inclusão. Com seu caráter emancipatório, por isso rebelde e desestabilizador, o Movimento Negro brasileiro vem sendo um agente protagonista, político e educador que confronta o patriarcado capitalista da supremacia branca.

REFERÊNCIAS

ADICHIE, Chimamanda Ngozi. **Para educar crianças feministas**: um manifesto. Rio de Janeiro: Companhia das Letras, 2017.

AKOTIRENE, Carla. **O que é interseccionalidade?** Belo Horizonte: Letramento, 2018.

ALMEIDA, Silvio. **Racismo estrutural**. São Paulo: Jandaíra, 2020.

ALVES-MAZZOTTI, Alda Judith. O método nas ciências sociais. *In*: ALVES-MAZZOTTI, Alda Judith.; GEWANDSZNAJDER, Fernando. **O método nas ciências naturais e sociais**: pesquisa quantitativa e qualitativa. 3. ed. São Paulo: Pioneira, 2000.

ARROYO, Miguel. O direito à educação e a nova segregação social e racial – tempos insatisfatórios? **Educação em Revista**, Belo Horizonte, v. 31, n. 3, p. 15-47, jul./set., 2015.

A REDENÇÃO de Cam. **Enciclopédia Itaú Cultural**, [*s. l.*], 8 jun. 2020. Disponível em: https://enciclopedia.itaucultural.org.br/obra3281/a-redencao-de-cam. Acesso em: 20 fev. 2022.

AUDITORIA CIDADÃ DA DÍVIDA. Gráfico do orçamento federal – 2019. **Auditoria Cidadã da Dívida**, [*s. l.*], 29 maio 2020. Disponível em: https://auditoriacidada.org.br/conteudo/grafico-do-orcamento-federal-2019-2/. Acesso em: 16 jan. 2021.

BASILIO, Ana Luiza. "Você faz faxina? Não, faço mestrado. Sou professora." **Carta Capital**, [*s. l.*], 20 jul. 2017. Disponível em: www.cartacapital.com.br/educacao/voce-faz-faxina-nao-faco-mestrado-sou-professora/. Acesso em: 10 fev. 2022.

BELLO, Enzo. O pensamento descolonial e o modelo de cidadania do novo constitucionalismo latino-americano. **Revista de Estudos Constitucionais, Hermenêutica e Teoria do Direito**, São Leopoldo, v. 7, n. 1, p. 49-61, jan./abr., 2015.

BERNARDINO-COSTA, Joaze; MALDONADO-TORRES, Nelson; GROSFOGUEL, Ramón. (org.). **Decolonialidade e pensamento afrodiaspórico**. 4. ed. Belo Horizonte: Autêntica, 2020.

BOFF, Leonardo. Conflitos no campo, suas causas e possíveis saídas. *In*: CANUTO, Antônio; LUZ, Cássia Regina da Silva; ANDRADE, Thiago Valentim Pinto. **Conflitos no campo** – Brasil 2016. Goiânia: CPT Nacional – Brasil, 2016. p. 27-74.

BORGES, Nayara Gallieta. **Cidadania e democracia no Brasil pós-colonial**: abordagem crítica. 2017. Dissertação (Mestrado em Direito) – Centro Universitário de Brasília, Brasília, 2017.

BOURDIEU, Pierre. **A dominação masculina**. 2. ed. Rio de Janeiro: Bertrand Brasil, 2002.

BRASIL. [Constituição (1988)]. **Constituição da República Federativa do Brasil de 1988**. Brasília, DF: Presidência da República, 1988. Disponível em: http://www.planalto.gov.br/ccivil_03/constituicao/constituicao.htm. Acesso em: 14. out. 2021.

BRASIL. **Lei nº 11.738, de 16 de julho de 2008**. Regulamenta a alínea "e" do inciso III do caput do art. 60 do Ato das Disposições Constitucionais Transitórias, para instituir o piso salarial profissional nacional para os profissionais do magistério público da educação básica. Brasília, DF: Presidência da República, 2008. Disponível em: www.planalto.gov.br/ccivil_03/_ato2007-2010/2008/lei/l11738.htm. Acesso em: 4. nov. 2021.

BRINGEL, Breno; VARELLA, Renata Versiani Scott. A pesquisa militante na América Latina hoje: reflexões sobre as desigualdades e as possibilidades de produção de conhecimentos. **Revista Digital de Direito Administrativo**, Ribeiro Preto, v. 3, n. 3, p. 474-489, 2016.

CAESAR, Gabriela. Perfil médio do deputado federal eleito é homem, branco, casado e com ensino superior. **G1**, [*s. l.*], 21 out. 2018. Disponível em: https://g1.globo.com/politica/eleicoes/2018/eleicao-em-numeros/noticia/2018/10/21/perfil-medio-do-deputado-federal-eleito-e-homem-branco-casado-e-com-ensino-superior.ghtml. Acesso em: 12 jan. 2021.

CARNEIRO, Aparecida Sueli. **A construção do outro como não-ser como fundamento do ser**. 2005. Tese (Doutorado em Educação) – Universidade de São Paulo, Programa de Pós-Graduação em Educação, São Paulo, 2005.

CARNEIRO, Sueli. Racismo na educação infantil. **Portal Geledés**, [*s. l.*], 2 nov. 2018. Disponível em: www.geledes.org.br/racismo-na-educacao-infantil-por-sueli-carneiro/?gclid==-na-educacao-infantil-por-sueli-carneiro/?gclid%ADEAIaIQobChMIibbbhfGs7gIVygmRCh0j7wMMEAAYASAAEgIDTvD_BwE. Acesso em: 21 jan. 2021.

CÉSAIRE, Aimé. **Discurso sobre o colonialismo**. Lisboa: Sá da Costa, 1978.

CYPRIANO, Bruno. **Publicação completa**. Betim, 7 fev. 2020. Facebook: Sind-UTE/MG Subsede Betim. Disponível em: www.facebook.com/sindutebetim/photos/p.2799356143490170/2799356143490170/?type=3. Acesso em: 1 nov. 2021.

COALIZÃO NEGRA POR DIREITOS. Disponível em: https://coalizaonegrapordireitos.org.br/. Acesso em: 19 fev. 2022.

COSTA, José Fernando Andrade. Quem é o "cidadão de bem"? **Psicologia USP**, São Paulo, v. 32, p. 1-10, 2021.

CRENSHAW, Kimberle. **A interseccionalidade na discriminação de raça e gênero**. 2012. Disponível em: https://edisciplinas.usp.br/pluginfile.php/4253342/mod_resource/content/1/IntersecionalidadeNaDiscriminacaoDeRacaEGenero_KimberleCrenshaw.pdf. Acesso em: 2 nov. 2021.

DANNER, Leno Francisco; DORRICO, Julie; DANNER, Fernando. Decolonialidade, lugar de fala e voz-*práxis* estético-literária: reflexões desde a literatura indígena brasileira. **ALEA**, Rio de Janeiro, v. 22, n. 1, p. 59-74, jan./abr., 2020.

DEFESA de doutorado de Joviano Maia Mayer. [*S. l.*: *s. n.*], 2020. 1 vídeo (230 min). Publicado pelo canal indisciplinar. Disponível em: www.youtube.com/watch?v=SPQTwGx9sGs. Acesso em: 13 fev. 2022.

DUSSEL, Enrique. **1492**: o encobrimento do outro – a origem do mito da modernidade. Tradução: Jaime Clasen. Petrópolis: Vozes, 1993.

FALCÃO, Márcio; VIVAS, Fernanda. Fachin autoriza ex-ministro Geddel Vieira Lima a cumprir pena de prisão em regime semiaberto. **G1**, Brasília, DF, 10 set. 2021. Disponível em: https://g1.globo.com/politica/noticia/2021/09/10/fachin-autoriza-geddel-vieira-lima-a-cumprir-pena-no-semiaberto.ghtml. Acesso em: 13 set. 2021.

FANON, Frantz. **Os condenados da terra**. Tradução: Serafim Ferreira. Lisboa: Ulisseia, 1961.

FANON, Frantz. **Pele negra, máscaras brancas**. Tradução: Renato Silveira. Salvador: EdUFBA, 2008.

FRANCO, Marielle. **UPP**: a redução da favela em três letras – uma análise da política de segurança pública do Estado do Rio de Janeiro. 2012. Dissertação (Mestrado em Administração) – Universidade Federal Fluminense, Programa de Pós-Graduação em Administração, Niterói, 2014.

FREIRE, Paulo. **Cartas à Guiné-Bissau**: registros de uma experiência em processo. 2. ed. Rio de Janeiro: Paz e Terra, 1978.

FREIRE, Paulo. Criando métodos de pesquisa alternativa: aprendendo a fazê-la melhor através da ação. *In*: BRANDÃO, Carlos Rodrigues. **Pesquisa participante**. São Paulo: Brasiliense, 1981.

FREIRE, Paulo. **Pedagogia da autonomia**: saberes necessários à prática educativa. 58. ed. São Paulo: Paz e Terra, 2019b.

FREIRE, Paulo. **Pedagogia do oprimido**. 68. ed. São Paulo: Paz e Terra, 2019a.

FREIRE, Paulo. **Política e educação**: ensaios. 5. ed. São Paulo: Cortez, 2001.

FREIRE, Paulo. **Professora sim, tia não**: cartas a quem ousa ensinar. São Paulo: Olho d´Água, 1997.

FREIRE, Paulo; FAUNDEZ, Antonio. **Por uma pedagogia da pergunta**. Rio de janeiro: Paz e Terra, 1985.

FREIRE, Paulo; GUIMARÃES, Sérgio. **Partir da infância**: diálogos sobre educação. 2. ed. São Paulo: Paz e Terra, 2020.

GIROUX, Henry. Professores como intelectuais transformadores. *In*: GIROUX, Henry. **Os professores como intelectuais**: rumo a uma pedagogia crítica da aprendizagem. Porto Alegre: Artes Médicas, 1997.

GOMES, Nilma Lino. O Movimento Negro e a intelectualidade negra descolonizando os currículos. *In*: BERNARDINO-COSTA, Joaze; MALDONADO-TORRES, Nelson; GROSFOGUEL, Ramón (org.). **Decolonialidade e pensamento afrodiaspórico**. 4. ed. Belo Horizonte: Autêntica, 2020.

GOMES, Nilma Lino. **O movimento negro educador**: saberes construídos nas lutas por emancipação. Petrópolis: Vozes, 2017.

GOMES, Nilma Lino; TEODORO, Cristina. Do poder disciplinar ao biopoder à necropolítica: a criança negra em busca de uma infância descolonizada. **Childhood & Philosophy**, Rio de Janeiro, v. 17, p. 1-31, maio, 2021.

GONZALEZ, Lélia. **Por um feminismo afro-latino-americano**. São Paulo: Companhia das Letras, 2020.

GOUVÊA, Maria Cristina Soares de; GERKEN, Carlos Henrique de Souza. **Desenvolvimento humano**: história, conceitos e polêmicas. Rio de Janeiro: Cortez, 2010.

GROSFOGUEL, Ramón. Para uma visão decolonial da crise civilizatória e dos paradigmas da esquerda ocidentalizada. *In*: BERNARDINO-COSTA, Joaze; MALDONADO-TORRES, Nelson; GROSFOGUEL, Ramón. (org.). **Decolonialidade e pensamento afrodiaspórico**. 4. ed. Belo Horizonte: Autêntica, 2020.

HEILBORN, Maria Luiza; ARAÚJO, Leila; BARRETO, Andreia. **Gestão de políticas públicas em gênero e raça III** – políticas públicas e raça. Rio de Janeiro: CEPESC; Brasília: Secretaria de Políticas para as Mulheres, 2010a.

HEILBORN, Maria Luiza; ARAÚJO, Leila; BARRETO, Andreia. **Gestão de políticas públicas em gênero e raça II** – políticas públicas e gênero. Rio de Janeiro: CEPESC; Brasília: Secretaria de Políticas para as Mulheres, 2010b.

HOOKS, Bell. **Ensinando a transgredir**: a educação como prática da liberdade. Tradução: Marcelo Brandão Cipolla. São Paulo: Martins Fontes, 2013.

JESUS, Carolina Maria de. **Quarto de despejo**: diário de uma favelada. 10. ed. São Paulo: Ática, 2014.

KILOMBA, Grada. **Memórias da plantação**: episódios de racismo cotidiano. Tradução: Jess Oliveira. Rio de Janeiro: Cobogó, 2019.

KOHAN, Walter Omar. Paulo Freire: outras infâncias para a infância. **Educação em Revista**, Belo Horizonte, v. 34, p. 1-33, 2018.

KRENAK, Ailton. **A vida não é útil**. São Paulo: Companhia das Letras, 2020.

LEWIS, Isaac Warden. **Violência histórica na sociedade brasileira colonizada**. Manaus: Editora Mundo Novo, 2019.

LIMA, Carolina Alves de Souza. Revoluções burguesas: contribuições para a conquista da cidadania e dos direitos fundamentais. **Revista Jurídica da Universidade do Sul de Santa Catarina**, Tubarão, v. 2, n. 12, p. 95-114, jan./jun., 2016.

LINDNER, Julia; MARINI, Luisa. Indígenas vão a Bolsonaro, mas não são recebidos. **Terra**, Brasília, DF, 7 dez. 2018. Disponível em: www.terra.com.br/noticias/indigenas-pediram-a-bolsonaro-para-manter-funai-na-justica-mas-nao-foram-recebidos,82b427567e55cfaf74b166909e144b0c07smxy6r.html. Acesso em: 21 jan. 2021.

MACHADO, Leandro. Os brasileiros presos por furto de comida na pandemia de covid. **BBC News Brasil**, São Paulo, 18 jun. 2021. Disponível em: www.bbc.com/portuguese/brasil-57477601. Acesso em: 13 set. 2021.

MALDONADO-TORRES, Nelson. Analítica da colonialidade e da decolonialidade: algumas dimensões básicas. *In:* GROSFOGUEL, Ramón; BERNARDINO-COSTA, Joaze; MALDONADO-TORRES, Nelson. **Decolonialidade e pensamento afrodiaspórico.** 4. ed. Belo Horizonte: Autêntica Editora, 2020.

MARX, Karl. **O capital** – Livro I – Crítica da economia política. Tradução: Rubens Enderle. 2. ed. São Paulo: Boitempo, 2011.

MAYER, Joviano Gabriel Maia. **De pé na encruzilhada**: por uma cartografia contracolonialista. 2020. Tese (Doutorado em Arquitetura e Urbanismo) – Universidade Federal de Minas Gerais, Programa de Pós-Graduação em Arquitetura e Urbanismo, Belo Horizonte, 2020.

MBEMBE, Achille. **Necropolítica**. São Paulo: N-1 Edições, 2018.

MESQUIDA, Peri; PEROZA, Juliano; AKARRI, Abdeljalil. A contribuição de Paulo Freire à educação na África: uma proposta de descolonização da escola. **Educação & Sociedade**, Campinas: v. 35, n. 126, p. 95-110, jan./mar., 2014.

MONDAINI, Marco. O respeito aos direitos dos indivíduos. *In*: PINSK, Jaime; PINSK, Carla Bassanezi. **História da cidadania**. 6. ed. São Paulo: Contexto, 2018.

MOREIRA, Gilvander Luis. **A luta pela terra em contexto de injustiça agrária**: pedagogia de emancipação humana? Experiências de luta da CPT e do MST. 2017. Tese (Doutorado em Educação) – Universidade Federal de Minas Gerais, Programa de Pós-Graduação em Educação: Conhecimento e Inclusão Social, Belo Horizonte, 2017.

MUNANGA, Kabengele. Mudar as coisas. [Entrevista cedida a] Gabriel Rocha Gaspar. **ECOA UOL**, São Paulo, [2020?]. Disponível em: https://www.uol.com.br/ecoa/reportagens-especiais/intelectual-deve-influenciar-na-mudanca-diz-antropologo-kabengele-munanga/#cover. Acesso em: 18 nov. 2021.

MUNANGA, Kabengele. **Uma abordagem conceitual das noções de raça, racismo, identidade e etnia**. 2003. Disponível em: www.geledes.org.br/wp-content/uploads/2014/04/Uma-abordagem-conceitual-das-nocoes-de-raca-racismo-dentidade-e-etnia.pdf. Acesso em: 23 jul. 2018.

NASCIMENTO, Beatriz. O conceito de quilombo e a resistência cultural negra. **Revista Afrodiáspora**, [*s. l.*], v. 3, n. 6-7, p. 41-49, 1985.

NASCIMENTO, Marco César Ribeiro *et al.* Com que cor eu vou pro shopping que você me convidou? **RAC**, Rio de Janeiro, v. 19, p. 245-268, out., 2015. Disponível em: www.scielo.br/j/rac/a/gkZhL8JJx53s5x5XSLk6fvH/?lang=pt. Acesso em: 21 jan. 2021.

NOGUERA, Renato. A democracia é possível? **Cult**, [*s. l.*], 5 nov. 2018. Disponível em: https://revistacult.uol.com.br/home/democracia-e-possivel/. Acesso em: 14 jan. 2021.

ODALIA, Nilo. A liberdade como meta coletiva. *In*: PINSK, Jaime; PINSK, Carla Bassanezi. **História da cidadania**. 6. ed. São Paulo: Contexto, 2018.

OLIVEIRA, Heli Sabino de. Do Conceito de "Periferia": primeiras aproximações teóricas. *In*: BRITO, Cristiane Miryam Drumond de *et al.* (org.). **Entrelaçando redes**: reflexões sobre atenção a usuários de álcool, crack e outras drogas. Jundiaí: Paco Editorial, 2018.

OLIVEIRA, Dalila Andrade; VIEIRA, Lívia Maria Fraga (coord.). **Trabalho docente na educação básica no Brasil**: sinopse do *survey* nacional referente à educação infantil. Belo Horizonte: UFMG/GESTRADO, 2013.

OLIVEIRA, Wallace. Despejo do Quilombo do Campo Grande é o mais longo do séc. XXI e marca as lutas sociais. **Brasil de Fato**, Campo do Meio, 18 ago. 2020. Disponível em: https://www.brasildefatomg.com.br/2020/08/18/despejo-do-quilombo-campo-grande-e-o-mais-longo-do-sec-xxi-e-marca-as-lutas-sociais. Acesso em: 19 ago. 2022.

OSÓRIO, Rafael Guerreiro. Classe, raça e acesso ao ensino superior. **Cadernos de pesquisa**, São Paulo, v. 39, n. 138, p. 867-880, set./dez., 2009.

PATTO, Maria Helena Souza. Desqualificação dos pobres. **Estudos Avançados**, São Paulo, v. 13, n. 35, p. 167-198, 1999.

PAULA, Dalvit Greiner de; NOGUEIRA, Vera Lúcia. Escola pública e liberalismo no Brasil Imperial: construção do Estado e abandono da nação. **Hist. Educ.**, Porto Alegre, v. 21, n. 53, p. 182-198, set./dez., 2017.

PETRY, Franciele. Socialismo, liberalismo e educação para a democracia: Honneth e Dewey em discussão. **Civitas**, Porto Alegre: v. 18, n. 3, p. 611-629, set./dez., 2018.

PINSK, Jaime. Introdução. *In*: PINSK, Jaime; PINSK, Carla Bassanezi. **História da cidadania**. 6. ed. São Paulo: Contexto, 2018.

PRUDENTE, Eunice. Dados do IBGE mostram que 54% da população brasileira é negra. **Jornal da USP**, São Paulo, 31 jul. 2020. Disponível em: https://jornal.usp.br/radio-usp/dados-do-ibge-mostram-que-54-da-populacao-brasileira-e-negra/. Acesso em: 11 jan. 2021.

PM USA bombas e jatos d'água em protesto de professores no centro de BH. Disponível em: www.em.com.br/app/noticia/gerais/2018/04/23/interna_gerais,953594/pm-usa-bombas-e-jatos-d-agua-em-protesto-de-professores-no-centro.shtml. Acesso em: 20 fev. 2022.

QUEIROZ, Rosiana Pereira (org.). **A criminalização dos movimentos sociais no Brasil**: relatório de casos exemplares. Brasília, DF: MNDH; Passo Fundo: IFIBE, 2006.

QUIJANO, Anibal. Colonialidade do poder, eurocentrismo e América Latina. *In*: LANDER, Edgardor (org.). **A colonialidade do saber**: eurocentrismo e ciências sociais. Perspectivas latino-americanas. Buenos Aires: CLACSO, 2005.

RAMALHO, Bárbara Bruna Moreira. **A escola dos que (não) são**: concepções e práticas de uma educação (anti)colonial. 2019. Tese (Doutorado em Educação) – Universidade Federal de Minas Gerais, Programa de Pós-Graduação em Educação: Conhecimento e Inclusão Social, Belo Horizonte, 2019.

RAMALHO, Bárbara; LEITE, Lúcia Helena Alvarez. Colonialidade da educação escolar: aproximação teórica e análise de práticas. **Revista Educação em Questão**, Natal, v. 58, n. 58, p. 1-23, out./dez., 2020.

REDE PENSSAN. **Inquérito nacional sobre insegurança alimentar no contexto da pandemia da covid-19 no Brasil**. Brasília, DF: REDE PENSSAN, 2021a.

REDE PENSSAN. **Olhe para a fome**. Brasília, DF: REDE PENSSAN, 2021b. Disponível em: http://olheparaafome.com.br/#manifestu. Acesso em: 13 set. 2021.

RIBEIRO, Djamila. **Lugar de fala**. São Paulo: Jandaíra, 2020.

RIZZINI, Irene. **O século perdido**: raízes históricas das políticas públicas para a infância no Brasil. 3. ed. São Paulo: Cortez, 2011.

RUFINO, Luiz. Pedagogia das encruzilhadas. **Periferia**, Duque de Caxias, v. 10, n. 1, p. 71-88, jan./jun., 2018.

SAKAMOTO, Leonardo. Introdução: o trabalho escravo contemporâneo. *In*: SAKAMOTO, Leonardo (org.). **Escravidão contemporânea**. São Paulo: Contexto, 2020.

SANTOS, Antônio Bispo dos. **Colonização, quilombos**: modos e significados. Brasília: INCIT/UNB, 2015.

SANTOS, Antônio Bispo dos; MAYER, Joviano Maia. Início, meio, início: Conversa com Antônio Bispo dos Santos. **Indisciplinar**, v. 6, n. 1, p. 52-69, 2020.

SANTOS, Boaventura de Sousa; Meneses, Maria Paula (org.). **Epistemologias do Sul**. Coimbra: Edições Almedina, 2009.

SANTOS, Boaventura de Sousa. **Pela mão de Alice**: o social e o político na pós-modernidade. 7. ed. Porto: Edições Afrontamento, 1999.

SANTOS, Boaventura de Sousa. Prefácio. *In*: GOMES, Nilma Lino. **O movimento negro educador**: saberes construídos nas lutas por emancipação. Petrópolis: Vozes, 2017. p. 9-12.

SANTOS, Boaventura de Sousa. **Se Deus fosse um ativista dos direitos humanos**. São Paulo: Cortez, 2014.

SANTOS, Erisvaldo Pereira dos. A educação e as religiões de matriz africana: motivos da intolerância. *In*: REUNIÃO ANUAL DA ASSOCIAÇÃO NACIONAL DE PESQUISADORES EM EDUCAÇÃO, 28., 2005, Caxambú. **Anais** [...]. Rio de Janeiro: ANPED, 2005. p. 1-17.

SANTOS, Milton. **O espaço do cidadão**. São Paulo: Editora da Universidade de São Paulo, 2007.

SANTOS, Milton. **O trabalho do geógrafo no terceiro mundo**. Tradução: Sandra Lencioni. São Paulo: Hucitec, 1978.

SANTOS, Milton. **Pobreza urbana**. São Paulo: Editora da Universidade de São Paulo, 2009.

SANTOS, Paulo Roberto Félix. "Cidadania Crítica" ou "Crítica da Cidadania"?: um debate a partir das categorias de emancipação política e emancipação humana nos escritos do "Jovem Marx". **Emancipação**, Ponta Grossa, v. 16, n. 1, p. 9-22, 2016.

SCHWARCZ, Lilia Moritz. **Sobre o autoritarismo brasileiro**. São Paulo: Companhia das Letras, 2019.

SILVA, Otávio Henrique Ferreira da; CAETANO, Rafaelle Stéphanie Oliveira; NANÔ, João Paulo Lisbão. Meninas negras e política: combatendo o racismo e fomentando a participação delas no espaço público. **Cadernos Pagu**, Campinas, v. 58, p. 1-24, 2020.

SILVA, Otavio Henrique Ferreira da. **Educação infantil em Betim (1958-2016)**. Rio de Janeiro: Synergia, 2016a.

SILVA, Otavio Henrique Ferreira da. **A participação da comunidade escolar na gestão da educação infantil de Betim/MG**. 2016. Dissertação (Mestrado em Educação) – Universidade Federal de Minas Gerais, Programa de Mestrado Profissional Educação e Docência, Belo Horizonte, 2016b.

SILVA, Otavio Henrique Ferreira da. **A (não) educação da primeira infância periférica para a cidadania: por saberes e fazeres decoloniais e emancipa-**

tórios. 2022. 409 f. Tese (Doutorado). Universidade Federal de Minas Gerais, Programa de Pós-Graduação em Educação, Belo Horizonte, 2022.

SOARES, Ademilson de Sousa. Hegemonia política e cultural: a escola pública no jornal Estado de Minas: 1930-1934. 2005. Tese (Doutorado em Educação) – Universidade Federal de Minas Gerais, Programa de Pós-Graduação em Educação: Conhecimento e Inclusão Social, Belo Horizonte, 2005.

SOUZA, Jessé. (Não) reconhecimento e subcidadania, ou o que é "ser gente"? **Lua Nova**, São Paulo, n. 59, p. 51-73, 2003.

SOUZA, Jessé. **A construção social da subcidadania**: para uma sociologia política da modernidade periférica. Belo Horizonte: Editora UFMG, 2006.

SOUZA, Jessé. **A elite do atraso**: da escravidão à lava jato. Rio de Janeiro: Leya, 2017.

SOUZA, Jessé. **Ralé brasileira**: quem é e como vive. Belo Horizonte : Editora UFMG, 2009.

STETSENKO, Anna. Ético-ontoepistemologia ativista: pesquisa estudo de resistência. *In*: COMISSÂO DE ÉTICA EM PESQUISA DA ANPED. **Ética e pesquisa em educação**: subsídios – volume 2. Rio de Janeiro: ANPED, 2021. p. 20-30.

STRECK, Danilo Romeu. Descolonizar a participação: pautas para a pedagogia latino-americana. **Educar em Revista**, Curitiba, n. 2, p. 189-202, set., 2017.

TATEMOTO, Rafael. Bancada BBB se reconfigura e pode ampliar influência nos próximos quatro anos. **Brasil de Fato**, Brasília, DF, 12 fev. 2019. Disponível em: www.brasildefato.com.br/2019/02/12/bancada-bbb-se-reconfigura-e-pode-ampliar-influencia-nos-proximos-quatro-anos. Acesso em: 6 set. 2021.

TONET, Ivo. **Educação contra o capital**. 3. ed. São Paulo: Instituto Lukács, 2016.

WALLERSTEIN, Immanuel. Análise dos sistemas mundiais. *In*. GIDDENS, Anthony; TURNER, Jonathan (org). **Teoria social hoje**. São Paulo: Editora UNESP, 1999. p.448-470.

WALSH, Catherine (ed.). **Pedagogías decoloniales**: prácticas insurgentes de resistir, (re)existir y (re)vivir. Quito: Editorial Abya-Yala, 2013. Tomo I.

Este livro foi composto em Liberation Serif e
Bebas Kai e impresso em papel Pólen 80g/m² no
verão de dois mil e vinte e quatro.